앎이 삶이 되는
동양철학

철학
윤리
입문을
위한

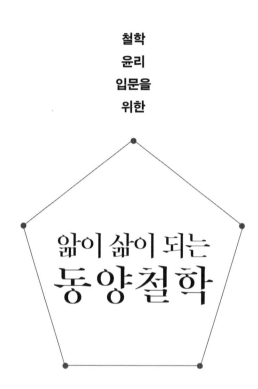

앎이 삶이 되는
동양철학

임정환 지음

씨
아이
알

여는 글

학생들에게 동양철학을 가르치면서 처음에는 어떻게 하면 학생들이 오래 철학 사상을 기억하게 만들 수 있을까를 고민했습니다. 원전을 찾아가면서 수업 자료도 만들고, 열심히 노력하니 학생들이 제 기대에 부응해 주기 시작했습니다. 학생들이 수업도 열심히 듣고 시험도 잘 보게 되어서 뿌듯한 마음도 들었습니다. 그런데 이런 마음이 그리 오래가지 않았습니다. 학생들의 시험 성적이 올라가는 것만으로는 교육자로서 마음 한구석의 허전함이 해결되지 않았습니다.

정말 다행인 것은 제가 나이를 먹으면서 동양철학의 한 구절, 한 구절이 과거처럼 암기해야 할 단어나 시험의 소재로만 보이지 않았습니다. 철학자의 다양한 주장들이 삶의 경험들과 연결되면서 앞으로의 삶을 변화시켜 줄 의미 있는 교훈으로 다가왔습니다. 그래서 몇 년 전부터는 철학 사상의 내용만을 중점적으로 가르쳤던 방식에서 벗어나 그 철학 사상이 실생활에서 지니는 다양한 의미를 찾아 학생들과 함께 이야기해 보고자 노력했습니다.

물론 과거의 지식 전달식 수업의 관성으로 인해 시간에 쫓기게 되면 일단은 철학 사상의 단순한 내용만 가르칠 때도 있었습니다. 때로는 저의 능력과 노력의 부족으로 제가 가르치는 동양철학 사상이 지니는 의미를 찾지 못해 우리들의 삶과 연결시키지 못한 경우도 있었습니다. 그래도 최대한 철학 이론만을 전달하기보다는 삶에서 갖는 의미를 찾아보고 학생들과 함께 토의하고, 토론하며 그 의미를 공유하려고 노력했습니다.

그러던 어느 날이었습니다. 철학 사상의 내용만 충실히 전달하고 수업을 마치려고 하는데, 어떤 학생이 손을 들고 "이 사상은 어떤 의미가 있는지 말해 주세요."라며 당연한 것을 빼먹은 듯이 질문을 던졌습니다. 이제 학생들도 단순히 철학 사상을 배우는 데 만족하지 않고 그 사상이 삶에서 어떤 의미를 갖는지 궁금해하기 시작한 것입니다. 그리고 수업 중 이 시간이 가장 재미있다고 말하는 것이었습니다. 저는 학생들이 저에게 단지 지식만 얻기를 바라지 않는다는 사실을 알고 뿌듯함을 느꼈던 기억이 납니다. 그 이후로는 이 철학은 어떤 의미가 있을까 더 많이 생각하고 수업에 임하게 되었습니다. 물론 지금도 부족하지만 계속해서 끝없는 고민을 하고 있는 중입니다.

자신의 앎과 자신의 삶이 연결될 때 비로소 학생들은 흥미를 느끼며 공부할 수 있게 됩니다. 학창 시절에 수학 공부를 하면서

앎이 삶이 되는 동양철학

어디다 쓰려고 배우는지도 모르는 채 어려운 문제를 풀었던 생각이 납니다. 왜 배우는지 이유도 모르면서 단지 성적이나 입시 때문에 무작정 공부를 한다면 그러한 공부는 학문에 대한 흥미를 빼앗기 마련입니다. 앎과 삶이 연결되었을 때 비로소 흥미가 생길 뿐만 아니라 배움에서 참된 의미를 찾게 될 것입니다.

과거에 제가 한 강의식 수업을 듣고 학생들이 잘 따라오는 모습을 보면서, 제 스스로 수업을 잘하고 있다고 착각했던 기억이 납니다. 지금 생각해 보면 지식만 전달하는 어설프기 짝이 없는 수업을 해 놓고 혼자 좋아했던 것이죠. 당연히 철학 이론만 전달할 때보다는 삶과 연결해서 학생들과 함께 이야기하는 지금이 훨씬 행복합니다. 착각일 수도 있겠지만, 학생들의 삶에 조금이나마 도움을 줄 수 있는 사람이 된 기분이 듭니다.

학생들도 철학 사상을 실생활에 연결시켜 생각하게 되면서 수업 중에 배운 내용을 과거 지식 전달 중심의 수업을 받았을 때보다 깊게 이해하게 되었습니다. 이해를 하고 나니 실생활뿐만 아니라 다양한 논술, 글쓰기 활동에서 철학 사상을 적절히 활용하는 놀라운 변화를 보여 주었습니다. 처음에는 철학에 전혀 관심이 없던 학생들도 철학에 흥미를 보이는 모습을 보면서 교육자로서 보람을 느낄 수 있었습니다. 이 책은 그렇게 진행했던 수업의 중간 결실이라고 생각합니다. 더 많은 생각, 더 좋은 생각이 떠오르면 더 좋은 책을 써서 많은 사람, 또 사랑하는 제자들과 나누고 싶습니다.

이 책은 동양철학에 관심은 있지만 어떻게 다가가야 할지 모르는 학생과 일반인들 그리고 교사가 되기 위해 공부하는 대학생들, 또 수업을 어떻게 풀어 가야 할지 고민하는 후배 교사들에게 제가 알고 있는 것을 조금이나마 나누어 주고 싶은 마음에서 시작했습니다. 그렇기 때문에 고등학교 교육 과정의 '윤리와 사상'과 '생활과 윤리'에 나오는 내용을 충실히 다루면서도, 동양철학에 관심 있는 일반 독자들을 위해 더 깊고 다양한 내용을 추가하였습니다.

또 철학과 윤리를 가르치는 교사들 중에는 동양철학 수업은 재미없다는 인식을 지닌 분들도 많은 것이 현실입니다. 저는 동양철학이 고리타분하다는 부정적 인식을 개선하고, 동양철학은 우리의 삶과 긴밀하게 연관되어 있기 때문에 함께 토의하고 토론할 수 있는 흥미로운 소재가 많이 있다는 것을 알려 주고 싶었습니다. 혹시 이 책을 함께 읽는 동료나 친구가 있다면 주어진 주제들에 대해 토의·토론하고, 함께 대화하면서 더 많은 의미들을 찾아보길 권해 드립니다. 그리고 제가 제시한 의견을 치열하고 자유롭게 비판하면서 철학적 사고력을 키워 나가면 좋겠습니다.

아울러, 동양철학을 처음 접하는 분들도 흥미를 잃지 않고 재미있게 읽을 수 있도록 많은 예시를 들고, 우리들이 평소에 접하는 실생활의 사례들과 동양철학 사상을 연결시켰습니다. 철학은 공부할 때만 잠깐 기억이 났다가 시간이 지나면 사라지는 휘발성 지식이 되어서는 안 된다고 생각합니다. 철학적 용어만 암기하고 그 의미도 모르면서 과시만 하는 공부는 의미도 없고 기억도 오래가지 않으며, 우리의 삶을 변화시킬 힘을 제공할 수 없습니다. 동양철학 사상을 충분히 이해할 때 삶의 맥락에서 적절히 활용할 수 있다고 생각합니다. 따라서 어려운 개념은 최대한 쉽고 친절하게 설명하여 이해할 수 있게 하려고 노력하였습니다.

이 책은 많은 분들의 가르침을 통해서 완성되었습니다. 대학생 때 동양철학 수업을 재미있게 들었던 기억이 있어서 그 기억을 안고 대학원까지 다니게 되었습니다. 대학원 시절, 두꺼운 한자 사전을 들고 암호문을 해독하듯이 수강생들과 함께 모여 수업 준비를 했던 기억이 납니다. 수업 시간에 원전의 한자를 띄엄띄엄 읽으며 간신히 해석을 해 나갔던 추억이 지금도 저를 미소 짓게 합니다. 그 시절 지도 교수님께서 너무나 부족했던 저를 따뜻하게 대해 주셔서 동양철학에 대한 흥미를 지금까지 잃지 않을 수 있었습니다. 제가 실력이 부족해서 교수님의 기대에 못 미쳤던 것이 죄송할 따름입니다. 저를 늘 격려해 주신 지도교수님과 많은 은사님들, 저에게 참된 교육자로서의 태도를 몸소 보여 주어 깊은 가르침을 주신 선후배 교사님들께도 진심으로 감사드리고 싶습니다. 또 제 수업을 들어 주고 함께 인생 이야기를 나누어 준 사랑스러운 제자들에게 고맙다는 말을 꼭 전하고 싶습니다.

이 책을 접하게 된 계기는 한 분 한 분이 모두 다르겠지만, 단한 줄이라도 독자 여러분에게 도움이 되었으면 좋겠습니다. 나아가, 우리 아들과 딸이 좀 더 커서 이 책을 이해할 수 있게 되었을 때 가족들이 모두 모여 이 책의 내용을 소재로 인생에 대해 이야기를 할 수 있었으면 좋겠습니다. 혹시 여러분들도 자녀가 있다면 자녀들과 함께 동양철학자들의 주장을 음미하며 삶의 지혜를 나누고, 화목한 가정을 가꾸어 나가는 데 활용하시기 바랍니다.

머리로 아무리 좋은 내용을 알고 있어도 행동으로 옮기지 않으면 삶은 전혀 변하지 않을 것입니다. 나를 바꾸고 싶으면, 지금보다 좀 더 행복해지고 싶으면, 일단 과감한 결단을 내리고 나의 삶의 방식을 바꿔야 합니다. 노력하면 바뀌고, 노력하지 않으면 어떤 것도 바뀌지 않습니다. 이 책과 인연을 맺은 모든 사람이 현재보다 행복한 내일을 만드는 데 조금이라도 도움이 되길 기원합니다. 마지막으로 저는 독자 여러분들이 제 책을 읽어 주시는 것만으로도 정말 행복할 것 같습니다.

2020. 3. 24.

임 정 환 배상

🌱 목 차

앎이 삶이 되는 동양철학

..
유
교
..

유교(儒敎, Confucianism)는 고대 중국 철학자 공자(孔子)가 창시한 사상으로
유학(儒學), 공교(孔敎)라고도 한다. 유교는 인(仁)을 최고의 도덕적 덕목으로
강조하며, 수양을 통한 개인의 도덕적 인격 완성과 도덕적 사회의 실현을 목표
로 추구하는 일종의 윤리 사상이자 정치사상이다. 공자의 가르침은 맹자, 순
자 등에 의해 계승·발전되었으며, 중국, 한국, 일본 등 동양의 정치사상과 제
도 및 문화에 지대한 영향을 미쳤다.

제1장

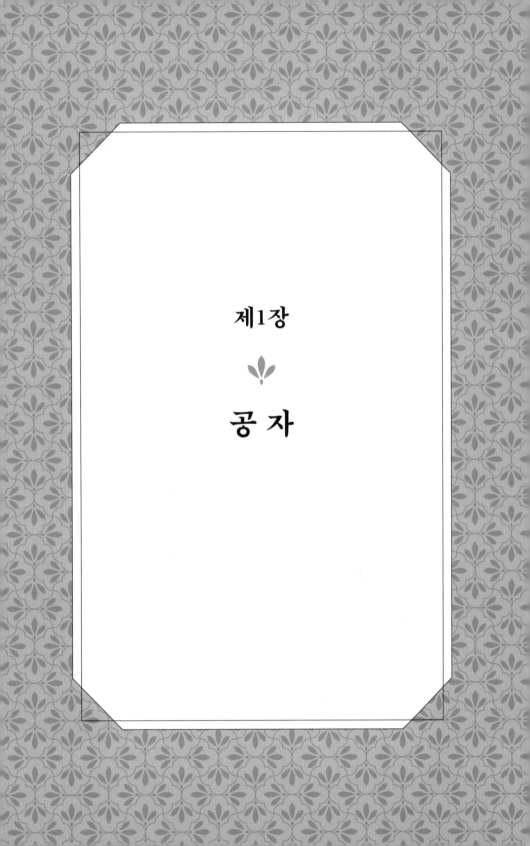

공 자

공자(孔子)

중국 춘추시대의 유교 사상가(기원전 551~479년)로 노(魯)나라에서 태어났다. 이름은 구(丘)이고, 자는 중니(仲尼)이다. 유교를 창시한 사상가로, 여러 나라를 순방하며 인(仁)을 중심으로 하는 자신의 도덕 정치사상을 채택할 임금을 찾아 다녔으나 실패하였다. 만년에는 노나라로 돌아와 교육에 전념하였으며, 『시(詩)』와 『서(書)』 등의 문헌을 정리하고 『춘추(春秋)』를 지었다. 공자와 제자들의 대화를 기록한 『논어(論語)』에는 그의 사상이 잘 나타나 있다.

제1장
공자

가장 좋은 사람은?

　중국 고대 하·은·주 시대는 매우 태평한 시대였습니다. 하지만 주나라 말기에 봉건제도가 붕괴되면서 사회가 매우 어지럽게 됩니다. 주나라 봉건제도는 왕실이 직접 다스리는 땅을 제외하고 나머지 지역은 제후를 봉해 다스리게 하는 통치 방식입니다. 제후로 봉해진 사람은 대부분 주왕의 친족이었고, 일부 공신도 있었습니다. 그러나 시간이 흐르면서 자연스럽게 제후들이 자신의 아들에게, 아들은 또 자신의 아들에게 자리를 세습해 주다 보니 주왕과 혈연관계가 점점 약화되게 됩니다. 이로 인해 제후들은 주왕실의 통제를 따르지 않는 경우가 늘어나게 되고, 결국 춘추전국시대라는 혼란기를 맞이하게 됩니다.

　사회적 혼란기에 오히려 더 많은 철학이 발생한다는 말이 있듯이, 춘추전국시대에는 혼란의 원인을 파악하는 시각과 해결책이 다른 다양한 사상이 등장합니다. 각 나라의 통치자들은 부국강병을 추구했기에 철학자들에게 다양한 조언을 듣고 싶어 했으며, 훌륭한 인재를 영입하고자 하였습니다. 철학자들 또한 자신의 사상이 한 나라의 통치에 실제로 반영되기를 원했습니다. 이러한 시대적 상황으로 인해 서로 다른 사회 혼란의 해결책을 제시하는 수많은 학파들이 출현하였는데, 이를 '제자백가'라고 부릅니다. 대표적인 제자백가로는 유가, 도가, 묵가, 법가 등이 있습니다. 공자(孔子, 기원전 551~479년)는 바로 제자백가 중 하나인 유가를 창시한 사람입니다.

공자는 70세를 넘긴 아버지와 16세의 어머니 사이에서 태어났고, 태어날 때부터 머리 위가 오목하게 들어가서 구(丘, 언덕)라는 이름을 갖게 되었습니다. 또한 공자는 키가 9척 6촌으로 엄청나게 컸던 것으로 기록에 남아 있습니다. 공자의 아버지인 숙량흘은 공자가 태어나자마자 바로 죽었기 때문에 공자는 어린 시절을 힘들게 보냈습니다. 그는 성인이 되어서 자신의 뜻대로 정치를 하기 위해 고향인 노나라를 떠나 천하를 돌아다니지만 안타깝게도 자신의 꿈을 이루지 못합니다. 말년에는 노나라로 돌아와 제자들을 가르치다가 생을 마감합니다. 공자의 제자 수는 3,000명에 달했다고 전해지고 있습니다.

공자의 사상을 잘 알 수 있는 『논어』라는 책은 공자가 직접 저술한 저서는 아닙니다. 이 책은 제자들이 공자의 언행을 기록한 것

앎이 삶이 되는 동양철학

이라고 전해지고 있지만 어떤 제자의 저술인지는 확실하지 않습니다. 그럼 공자의 대화를 직접 들어봅시다.

> 제자 : 한 고을의 사람들이 모두 좋아하는 사람은 어떻습니까?
>
> 공자 : 좋은 사람이라고 할 수 없다.

왜 공자는 모든 사람이 좋아하는 사람을 좋은 사람으로 인정해 주지 않을까요? 그렇다면 반대로 질문해 볼까요?

> 제자 : 한 고을 사람들이 모두 미워하는 사람은 어떻습니까?
>
> 공자 : 좋은 사람이라고 할 수 없다.

공자는 모든 사람이 미워하는 사람도 좋은 사람이 아니라고 하였습니다. 그렇다면 좋은 사람은 어떤 사람일까요? 공자의 대답을 보기 전에 먼저 한번 맞혀 보세요 공자는 다음과 같이 주장합니다.

> 공자 : (모두가 좋아하거나 미워하는 사람은) 마을 사람 중에서 선한 사람이 좋아하고, 선하지 않은 사람이 미워하는 사람만 못하다.[1]

우리는 주위의 모든 사람이, 직장의 동료들이, 같은 반 친구들이, 모임의 구성원이 모두 자신을 좋아하지 않는다고 스트레스를 받기도 합니다. 하지만 공자의 말에 따르면 모든 사람이 좋아하는 사람은 좋은 사람이 아닙니다. 왜 그럴까요? 예를 들어, 어떤 도둑이 경찰을 좋아한다고 생각해 봅시다. 상식적으로 있을 수 없는 일이지만 아마도 경찰이 도둑에게 뇌물을 받았다면 그럴 수도 있겠죠. 이처럼 무작정 모든 사람이 좋아하는 사람이 좋은 사람일 수는 없습니다.

공자의 주장처럼 나쁜 사람까지도 좋아하는 사람이 되어서는 안 됩니다. 선한 사람이 좋아하고, 악한 사람은 미워하는 그런 사람이 정말로 좋은 사람이라는 것을 깨달아야 합니다. 이런 사람이 되기 위해서 필요한 것은 바로 도덕적 품성입니다. 도덕성이 확고한 사람은 나쁜 사람을 결코 좋아할 수 없겠지요. 이러한 공자의 사상을 통해 우리는 우리 주위에 착한 사람이 과연 나를 좋아하는지, 나쁜 사람은 나를 미워하고 있는지 스스로 반성해 보아야 합니다.

🦋 인을 실천하는 마음은?

공자는 인(仁)이라는 인간의 내면적 도덕성을 중심으로 사회적 혼란을 해결하려고 했습니다. 공자는 인의 의미를 다양한 표현을

앎이 삶이 되는 동양철학

통해 설명하는데, 정리해 보면 인이란 인격을 갖춘 사람의 인간다움과 인간에 대한 사랑[愛人]을 의미합니다. 공자가 강조한 인은 일반적으로 '어짊'으로 번역되지만 사실상 효(孝), 충(忠), 신(信), 예(禮) 등 모든 도덕적 덕목을 포괄하는 완전한 덕을 의미한다고 할 수 있습니다. 따라서 인(仁)한 사람이란 도덕적으로 완성된 인격자를 의미합니다.

공자의 인을 실현하기 위해서는 어떤 마음 자세를 갖춰야 할까요? 공자는 한마디로 충서(忠恕)의 자세가 필요하다고 보았습니다. 『논어』에서 충서라는 말의 등장은 참 드라마틱합니다.

공자 : 나의 도는 하나로 꿰뚫었다.
증자 : 맞습니다.

공자가 나가자 문인들이 무슨 말인지 (증자에게 너무 궁금해서) 묻습니다.

증자 : 선생님의 도는 충서(忠恕)일 따름이다.[2]

충서란 공자가 크게 깨달은 내용을 우리에게 한마디로 요약해서 알려 준 것입니다. 충(忠)이란 자신의 온 정성을 다하는 성실한 마음입니다. 서(恕)는 한자를 풀이해 보면 '같을 여(如)'에 '마음 심

(心)'의 합성어로, 남의 마음이나 나의 마음이 같으므로 굳이 남에게 묻지 않고 자기 자신의 마음에 미루어 보아 다른 사람의 심정을 헤아리는 것, 즉 추기급인(推己及人)을 의미합니다. 이러한 서의 자세는 "자신이 하고 싶지 않는 일은 남에게도 시키지 말아야 한다[己所不欲勿施於人]."라는 공자의 말에 잘 드러나 있습니다.

예를 들어, 집을 나서는데 문 앞에 누군가가 어젯밤에 술을 먹고 구토를 해 놓았다고 생각해 봅시다. 우리는 이런 경우 자신이 치울 생각은 전혀 하지 않고 "엄마!"를 크게 외치곤 합니다. 하지만 자신은 더러워서 치우기 싫은 그 마음과 어머니의 마음은 다르지 않을 것입니다. 내 마음에 비추어 보면 나뿐 아니라 분명 어머니도 더러워서 치우기 싫을 것이라는 사실을 알 수 있습니다. 그러므로 가장 먼저 발견한 내가 치워야겠지요. 어머니도 더러운 것을 싫어하는 마음은 같을 테니까요.

공자와 그의 제자들은 인을 실천하는 방법으로 효제(孝悌)를 우선적으로 강조하였습니다. 『논어』에서 공자의 제자 유자(有子)는 "효제는 인을 행하는 근본이다."³라고 규정하였습니다. '효'는 부모님에 대한 효도를 의미하고 '제'는 형제간의 우애를 의미합니다. 유학에서는 먼저 가까운 사이에서부터 사랑을 실천하고, 이러한 사랑의 정신을 점차 넓은 범위로 확장해 나가라고 주장합니다. 따라서 모든 인간관계 중에서 가장 친밀한 관계인 부모와 형제간의 효제를 강조한 것입니다. 우리가 잘 알고 있는 '수신제가치국평천하(修

앎이 삶이 되는 동양철학

身齊家治國平天下)'의 논리와도 일맥상통합니다.

　'수신'은 자신의 몸을 닦는 자기 수양을 의미하고, '제가'는 집안을 가지런히 하는 것이며, '치국'은 나라를 잘 다스리는 것이고, '평천하'는 천하를 평안하게 한다는 의미입니다. 결국 자신부터 도덕성을 갖추고 그 도덕성을 바탕으로 사회, 국가, 세계에 이바지해야 한다는 의미로 재해석할 수 있습니다. 만약 나라를 통치하는 대통령, 국회의원 등 정치인이 꿈이라면 어떤 정책을 실시할까를 고민하기에 앞서, 먼저 나부터 도덕적인 사람이 되어야 한다는 것입니다. 이러한 사고방식이 바로 자기부터 수양을 하고 남을 다스려야 한다는 '수기치인(修己治人)'의 자세입니다. 도덕성이 없는 사람이 가장이 되고 어떤 집단의 지도자가 된다면 그것은 구성원들에게 너무나 고통스러운 일입니다.

　저희 집 가훈을 소개하자면, 공자가 강조한 "기소불욕물시어인(己所不欲勿施於人)"입니다. 제가 가끔 아들에게 휴지 좀 가져다 달라고 심부름을 시키기도 하는데, 아들은 "왜 우리 가족들은 가훈을 안 지켜?"라고 볼멘소리를 하기도 합니다. 공자는 "자기가 서고 싶으면 남을 세워 주고, 자기가 이루고 싶다면 남을 이루게 해 줘야 한다."⁴라고 주장하였습니다. 우리는 공자가 타인을 배려하는 서의 자세를 강조한 것을 잊지 말아야 합니다. 언제나 온 정성을 다하는 마음인 충과 타인의 마음을 헤아려 행동하는 서의 자세만 실천한다면 우리는 인격자가 될 수 있지 않을까요?

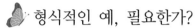 형식적인 예, 필요한가?

세상에서 가장 이기기 어려운 사람은 누구일까요? 저는 누가 뭐라고 해도 자기 자신이라고 생각합니다. 혹시 매일 자신과의 싸움에서 지고 있지는 않나요? 다이어트를 결심했다가도 바로 자기 자신의 욕망에 사로 잡혀 자신도 모르게 밤늦게 라면을 끓여 먹고 있지는 않나요? 금연이나 금주를 결심했다가 금세 유혹에 빠져 포기한 적은 없나요? 평생 동안 나 자신과의 싸움은 지속될 텐데 이 싸움에서 이기는 것은 너무나 어렵습니다. 그래서 극기 훈련이라는 말만 들어도 무서운 생각이 드나 봅니다. 여기서 극기란 '이길 극(克)'과 '자기 기(己)'가 결합된 말로 '자신을 이긴다'는 뜻입니다. 공자는 극기와 관련해 다음과 같은 말을 남겼습니다.

> 자신(의 욕망)을 이기고[克己] 예로 돌아가는 것이
> 인이다. 하루만이라도 자신을 이기고 예로 돌아간다
> 면 천하가 인으로 돌아올 것이다.[5]

공자는 자신의 욕망(사욕)을 이기고 예로 돌아가는 것, 즉 '극기복례(克己復禮)'를 '인(仁)'이라고 주장하였습니다. 공자는 왜 외적인 덕인 '예'와 내적인 덕인 '인'을 서로 연결시켰을까요? 공자가 가장 강조한 마음속의 인과 형식적으로 보이는 예는 어떤 관련이

앎이 삶이 되는 동양철학

있을까요? 현대 민주주의 시대를 사는 우리들에게 예라는 것이 그렇게 중요한 덕목인지에 대해 의문이 들 수 있습니다. 예는 너무 형식적인 것이 아닌지, 마음이 중요한 것이지 예라는 형식이 중요한 것은 아니라고 질문을 던질 수 있다고 생각합니다. 아마도 인간관계에서 예절을 잘 지켜야 한다고 예절 타령을 하는 사람이 있다면 요즘 학생들은 '꼰대'라고 비난할지도 모릅니다.

하지만 공자는 겉으로 드러나는 예를 통해 내면의 인이 실현된다고 생각하였습니다. 예를 들면, 어머니께서 심부름으로 칼을 가져오라고 했을 때, 우리는 아무 생각 없이 칼의 뾰족한 부분을 어머니 쪽으로 들이밀며 칼을 건넬 수도 있지만, 어머니가 안전하게 칼을 받을 수 있도록 손잡이 쪽으로 돌려서 드릴 수도 있습니다. 물론 후자가 예에 맞는 행동입니다. 이러한 예에는 나의 욕망이 조금이나마 극복되고 상대방을 존중하는 배려의 마음이 내포되어 있기 때문에 단지 형식적인 것이라고 할 수 없습니다. 그래서 공자도 자신의 욕망을 이기고 예로 돌아가는 것이 형식이 아니라 인간다운 사랑의 덕목인 인(仁)이라고 표현한 것입니다.

저의 부끄러운 경험을 이야기해 보겠습니다. 제가 근무하는 건물의 바로 옆 건물에 언제나 성실하게 청소를 하시는 나이가 지긋하신 어르신 한 분이 계셨습니다. 오다가다 자주 뵙기 때문에 늘 인사를 하면서 지냈습니다. 어느 추운 겨울날 제가 벤치에 앉아 있는데, 그분께서 양손에 짐을 들고 지나가시는 것을 보고 먼저 인사를 드렸습니다. 저는 벤치에 앉아서 머리만 숙이며 인사를 했는데, 그분께서는 가던 길을 멈추고 양손에 있는 짐을 내려놓으신 다음, 모자를 벗은 후에 제게 인사를 하시고는 다시 짐을 들고 가던 길을 가셨습니다. 순간 너무나 창피하다는 생각이 들었습니다. 저는 춥고 귀찮아서 형식적으로 인사를 했는데, 그분께서는 마음을 다해서 인사를 하셨기 때문입니다. 그분이 하신 인사에서 저를 존중해 주시는 마음이 느껴졌기에 더더욱 죄송스러웠습니다. 이 일을 계기로 저는 인사가 단지 형식적인 것만이 아니라 상대방에게 마음을 전달하는 것이라는 깨달음을 얻었습니다.

어른을 보거나 아는 사람을 만나면 정성껏 인사하는 것, 음료수 잔을 건네 줄 때 상대방이 잡기 편하도록 손잡이 쪽으로 주는 것, 부모님께 존댓말을 쓰는 것, 상대와 대화할 때는 스마트폰을 잠시 내려놓는 것 등 어렵지 않지만 상대방을 배려하는 마음을 표현하는 방법입니다. 내가 조금 불편하더라도 아주 조금만 극기를 실천하면 상대방을 존중할 수 있습니다. 그래서 공자는 사욕을 극복하고 예를 회복하는 것이 바로 인이라고 주장한 것입니다.

다음은 제자 임방(林放)이 공자에게 예의 근본에 대해 질문했을 때 공자가 한 말입니다.

대단한 질문이구나. 예는 사치스러운 것보다 차라리 검소해야 하고, 상례는 형식을 갖추기보다 차라리

슬퍼해야 한다.[6]

이처럼 공자는 예를 실천하는 데 형식을 잘 지키는 것보다는 내면의 마음가짐이 중요하다고 보았습니다. 부모님이 돌아가셨을 때 비싼 관이나 수의를 사용한다고 해서 돌아가신 부모님께 예를 다했다고 할 수는 없습니다. 자식으로서 진심으로 슬퍼하고 애도하는 것이 상례를 잘 치른 것이라 할 수 있습니다.

공자는 "예가 아니면 보지 말고, 예가 아니면 듣지 말고, 예가 아니면 말하지 말고, 예가 아니면 행동하지 말라."[7]라고 예의 실천을 강조하였습니다. 우리는 이 말의 참뜻을 성찰해 보며 친한 사이일지라도 예를 실천하는 따뜻한 마음을 가지고 살아야 합니다. 그런데 어떤 사람은 공자를 구시대의 인물로 비판하는 경우가 있습니다. 형식적인 예를 일방적으로 강요하는 권위주의자나 고리타분한 형식주의자로 오해하기도 합니다. 하지만 공자의 사상은 형식보다는 내면을 강조하는 인본주의 사상입니다.

공자는 제자 계로가 귀신을 섬기는 것에 대해 질문했을 때, "아직 사람도 섬기지 못하는데 어찌 귀신을 섬길 수 있겠는가?"라고 대답했으며, 죽음에 대해 물었을 때는 "아직 삶도 알지 못하는데 어찌 죽음을 알 수 있겠는가?"라고 답하였습니다.[8] 이처럼 공자는 인본주의적 관점에서 귀신보다는 인간을, 죽음 이후의 내세보다는 현세에서의 도덕적인 삶을 강조하였습니다.

'관종'에서 벗어날 수 있는 방법은?

인간이라면 자존감을 지키며 살고 싶다는 생각을 포기할 수 없다고 생각합니다. 인간이라면 당연히 다른 사람한테 사랑과 관심도 받고 싶고, 칭찬과 인정도 받고 싶은 마음이 들겠지요? 가끔 뉴스에서 불법 행위를 통해서라도 자신을 알리려는 이상한 사람들을 보기도 합니다. 남에게 관심을 받고 싶은 마음이 너무나 간절하기 때문이겠죠 우리는 가정, 학교, 직장 등 다양한 집단에 소속되어 있는 구성원으로서 살아가고 있습니다. 그런데 친구나 동료, 윗사람들이 나의 능력을 알아보지 못한다면 어떤 마음이 들까요? 너무나 속상하겠죠 그렇다고 자기가 나서서 자기 자랑을 하거나 잘난 척을 하면 사람들이 '관종'이라고 뒷담화를 할 것이고, 어쩌면 좋을까요? 공자는 다음과 같이 말합니다.

남이 나를 알아주지 않음을 걱정하지 말고, (내가)
남을 알아주지 못함을 걱정해야 한다.[9]

우리는 학교에서, 직장에서, 사회에서 나를 알아주지 않는 것을 괴로워하거나 그것을 못 참아 잘난 척을 할 수도 있을 것입니다. 아니면 다른 사람의 마음을 헤아려 나부터 남의 장점을 찾아서 칭찬해야겠다고 생각할 수도 있겠지요.

　　　　　　　　　　앎이 삶이 되는 동양철학

어떻게 사는 것이 현명할까요? 관종으로 살겠습니까, 남의 장점을 먼저 알아봐 주는 사람으로 살겠습니까? 당연히 남의 장점을 먼저 찾아서 칭찬해 주는 삶이 바람직하겠지요. 제 주위에도 귀신같이 남의 장점을 잘 찾아서 칭찬을 하는 분이 계십니다. 어떻게 나도 모르는 나의 장점을 구체적으로 꼭 짚어서, 그것도 연달아서 칭찬할 수 있을까요? 제가 관찰해 보니 그분은 다른 사람에게도 제게 대했던 것과 똑같이 장점을 찾아서 칭찬하고 계셨습니다. 결국 이러한 삶의 태도는 의도하지 않았지만 다른 사람들이 그분에게 호감을 갖고 칭찬을 하게 만들었습니다. 그분을 보며 깨달은 점은 직접 자기 자랑을 하지 않아도 주위의 모든 사람이 나를 인정하게 만드는 방법은 바로 내가 먼저 남을 장점을 찾아 칭찬하는 방법이라는 것입니다.

공자는 "본성은 서로 비슷하나, 습관 때문에 멀어진다."[10]라고 하면서 인간이 선천적으로는 비슷한 품성을 갖고 태어났으나 후천적으로 습관을 어떻게 형성하느냐에 따라 달라진다고 하였습니다. 우리는 남에게 인정받고 싶어 합니다. 이는 나뿐만 아니라 다른 사람도 마찬가지라고 할 수 있습니다. 우리는 살아가면서 서로 다른 습관을 지니게 되고, 습관 때문에 좋은 사람도 되고 나쁜 사람도 될 수 있습니다. 혹시라도 지금까지는 습관적으로 남의 단점을 찾는 데만 많은 관심을 쏟았다면, 그 노력을 남의 장점을 찾는 데도 투자할 것을 추천합니다. 남을 낮춘다고 해서 내가 올라가는 것은 아닙니다. 남의 장점을 찾아 먼저 칭찬하는 습관이 우리를 좋은 사람으로 만들어 줄 뿐만 아니라 내가 원하던 자존감도 높여 줄 것입니다.

효도를 법으로 강제할 수 있을까?

싱가포르에는 효도법이라는 것이 있다고 합니다. 특별한 사유 없이 자신의 노부모를 부양하지 않는 자식들에게 벌금형부터 징역형까지 처할 수 있는 법입니다. 효도를 이렇게 법으로 강제하는 것이 과연 옳은 일이라 할 수 있을까요? 우리나라도 노부모 부양 문제는 매우 심각한 사회문제입니다. 노인 혼자서 외롭게 사는 경우가 늘고 있고, 이렇게 혼자 살다가 언제 돌아가셨는지도 알 수 없이 사망하는 고독사가 이어지고 있습니다.

현재 우리나라의 노인 수는 빠르게 증가하고 있습니다. 노인들은 가난을 겪는 고통인 빈고(貧苦), 외로움을 겪는 고통인 고독고(孤獨苦), 할 일이 없는 고통인 무위고(無爲苦), 질병으로 인한 고통인 병고(病苦)라는 노인 사고(四苦)에 시달리고 있는 것이 현실입니다. 최근에는 부모들의 인식도 많이 변해서 노후에 자녀와 함께 살기를 원하지 않는 비율이 증가하고 있습니다. 물론 자녀가 싫어서가 아니라 자녀들에게 짐이 될까 염려하는 마음 때문일 것입니다. 어머니가 짜장면이 싫다고 하셨다고 해서 그 말을 그대로 믿어서는 안 되겠죠.

유교에서는 효를 인을 실천하는 근본적인 덕목으로 중시합니다. 자신을 정성껏 보살펴 준 사람이자 가장 가까운 관계인 부모에게 효를 실천하지 않는 사람이 과연 타인과 도덕적인 관계를 맺고 살 수 있을까요? 아마도 불가능할 것입니다. 효는 인간이 마땅히 실천해야 할 가장 기본적이고 중요한 덕목입니다. 여러분은 효를 실천하지 않으면 처벌하는 법을 만들어야 한다고 생각하시나요? 공자의 제자 자유(子游)가 공자에게 효에 대해 질문했을 때 공자가 대답한 말을 들어 보시죠.

요즈음의 효라는 것은 부모를 잘 먹여 살리는[養] 것을 말하는데, 개와 말도 모두 잘 먹여 기를[養] 수 있으니 공경하지 않는다면 무엇으로 구별하겠는가?[11]

오늘날의 상황과도 딱 맞는 주장이 아닐까요? 부모에게 용돈을 드리면서 충분히 효도하고 있다고 착각하거나, 집에서 기르는 강아지에게는 온갖 정성을 다하면서 정작 자신을 길러 준 부모에게는 함부로 하는 사람도 있습니다. 공자는 진정한 효도는 공경하는 마음이 있어야만 한다고 주장합니다. 여러분은 부모님을 공경하는 마음을 지닌 진정한 효자인가요?

공자는 효도를 법으로 강제하는 것에 반대할 것입니다. 효도를 강제하는 법이 제정된다면, 결과적으로는 처벌을 받기가 싫어서 부모를 부양할 사람이 늘어날지도 모릅니다. 하지만 그러한 부모 부양에는 부모를 공경하는 마음이 전혀 없기 때문에 진정한 의미의 효도라 할 수 없습니다. 부모에게 아무리 많은 용돈을 준다고 해도 공경하는 마음이 없다면 그것은 결코 효도가 아닙니다. 따라서 우리가 효도를 실천하기 위해서는 부모님을 공경하는 마음부터 가져야 합니다.

과거 농경 사회의 노인들은 농사와 관련된 지식을 많이 가지고 있었습니다. 언제 논밭에 씨앗을 뿌려야 하는지, 물은 얼마나 줘야 하는지, 언제 추수를 해야 하는지 등 오랜 세월 동안 농사를 지면서 깨달은 경험적 지식을 젊은이들이 결코 알 수가 없었습니다. 노인들의 경험적 지식은 농사의 성패를 결정짓는 매우 가치 있는 것이었죠. 따라서 노인들은 젊은이들에게 자신이 지닌 지식을 알려 주면서 자연스럽게 존경을 받을 수 있었습니다.

오늘날 정보 통신 기술의 발달로 나타난 첨단 기기들은 노인들이 전에 경험해 보지 못한 것들이기 때문에 노인들을 지식이 부족한 사람으로 바꾸어 놓았습니다. 컴퓨터는 물론 스마트폰 사용도 서툴고, 무인 키오스크(KIOSK)를 활용한 메뉴 주문도 할 수 없어 안절부절못하는 신세가 된 것입니다. 하지만 오늘날 우리 사회를 이렇게 살기 편하게 만들어 주신 분들이 노인 세대임을 잊어서는 안 됩니다. 그분들의 피땀 어린 노고와 희생이 없었다면 우리는 현재의 풍요로운 삶을 누릴 수 없었을 것입니다. 원하지 않아도 우리는 곧 노인이 됩니다. 미래의 노인으로서 노인을 공경하는 마음을 가져야 합니다.

🦋 법이냐, 도덕이냐?

현대 사회를 살면서 많이 반성하는 것 중 하나가 바로 이웃 간에 교류하려는 노력이나 의지가 없다 보니 서로 돈독한 정을 쌓지 못한다는 점입니다. 불과 얼마 전까지만 해도 이웃 간에 먹을 것을 나누어 먹고 힘든 일이 있으면 서로 도와주곤 했습니다. 그런데 개인주의가 팽배해지고 주로 아파트 생활을 하게 되면서 위아래층 이웃의 얼굴조차도 모르고 지냅니다. 오히려 서로 모른 척하면서 사는 것을 편하다고 생각하며 지낸다는 점은 우리가 반성해야 할 문제입니다.

이렇게 인간관계가 허물어지고 이웃 간에 정이 없다 보니 사소한 문제도 큰 문제가 되곤 합니다. 가끔씩 우리는 이웃 간 층간 소음으로 인해 살인 사건이 발생했다는 끔찍한 뉴스를 듣곤 합니다. 과거처럼 아래층에 사는 이웃이 서로 음식도 나누고 어려운 일이 있으면 제일 먼저 달려와 도와주는 사이였다면 과연 층간 소음이 심각한 사회문제가 되었을까요? 최근에는 사소한 문제들까지도 무조건 법대로 하려는 경향이 있습니다. 과연 도덕보다 법이 좋은 해결책이라고 할 수 있을까요? 공자는 사회질서를 유지하기 위해 법보다는 도덕을 더 강조해야 한다고 주장합니다. 그 이유는 다음과 같습니다.

> 법령으로 이끌고 형벌로써 규제하게 되면 백성들은 (형벌을) 면하려고만 하고 부끄러운 줄은 모른다. 반면에 덕으로 인도하고 예로써 가지런히 한다면 백성들은 부끄러운 줄 알게 될 뿐만 아니라 바르게 된다.[12]

이 말은 무슨 뜻일까요? 평소 고속도로에 나가면 과속하는 차들을 보게 됩니다. 과속을 막기 위해 과속 단속 카메라들이 설치되어 있고, 속도를 위반하게 되면 그 벌로 벌금을 내야 합니다. 만약 과속으로 인해 벌금을 내야 하는 상황이 되었다고 상상해 봅시다. 아마도 많은 사람이 '정말 재수가 없었어! 다음에는 과속 단속 카메라 위치를 잘 기억해 두었다가 찍히지 말아야지'라고 과속 단속 카메라를 피할 생각만 할 것 같습니다. 사실은 반성하는 자세로 '내가 정말 잘못했구나. 다시는 과속하지 말아야지!'라고 생각했어야 했을 텐데 말입니다.

법과 도덕 중 어떤 것으로 사회를 다스려야 할까요? 물론 두

앎이 삶이 되는 동양철학

가지 모두 필요하지만 무엇이 더 중요한 역할을 해야 할지는 의견이 다를 수 있습니다. 공자도 법의 필요성을 부정한 철학자는 아닙니다. 하지만 법보다는 도덕으로 사회질서를 유지해 나가는 것이 더 바람직하다고 보았습니다. 인간을 법이나 상벌로 다스리면 결국 죄를 짓고도 수치심마저 느끼지 못하는 뻔뻔한 사람을 만들 수도 있습니다. 그렇기 때문에 공자는 도덕으로 인도해야 한다고 주장한 것입니다. 비록 지금은 잘못을 했더라도 도덕적으로 반성하게 한다면 나중에는 도덕적인 사람이 될 수 있을 것입니다.

우리는 어떤 사람이 잘못했을 때 엄벌로 죄를 짓지 못하게 겁을 주는 것이 효과적인 방법이라고 생각하기도 합니다. 물론 지금 당장은 법으로 규제하는 것이 효과가 빠르고 확실해 보일 수 있습니다. 하지만 장기적 관점에서 본다면 벌이 무서워서 나쁜 짓을 안 했던 사람은 감시가 느슨해지면 반드시 또 같은 죄를 저지르게 될 것입니다. 사실 벌은 인간의 내면을 변화시키는 데는 별 효과가 없는 것이죠. 그러므로 도덕으로 사람의 마음을 바르게 변화시키는 것이 당장은 느려 보이지만 사실은 사회질서를 유지하는 가장 빠르고 확실한 방법입니다.

공자가 만약 정치를 했다면 어떤 정치를 했을지 궁금하지 않으신가요? 공자는 제자 자로(子路)에게 그와 같은 질문을 받고 이렇게 대답하였습니다.

반드시 이름(명분)을 바로[正名] 잡겠다.[13]

또 제(齊)나라의 군주인 경공(景公)이 공자에게 정치에 대하여 묻자 다음과 같이 대답합니다.

임금은 임금답고, 신하는 신하답고, 아버지는 아버지답고, 자식은 자식다워야 한다.[14]

이러한 공자의 정치 철학을 우리는 정명(正名)사상이라고 부릅니다. 해물탕에 해물이 안 들어있는데 해물탕이라고 불러도 될까요? 구리로 만든 반지가 금색이라고 금반지라고 불러도 될까요? 우리는 '요즘 학생들은 학생답지 못해', '요즘 국회의원들은 국회의원답지가 않아' 등의 말을 하곤 합니다. 모든 사람은 다양한 명칭으로 불립니다. 집에서는 엄마·아빠·아들·딸로, 학교에서는 학생, 직장에서는 대리·과장·부장 등으로 불립니다. 그러나 우리가 과연 이러한 다양한 이름에 걸맞은 품성을 갖추고 주어진 역할을 잘 해 내고 있나요? 공자는 바로 사회 구성원들 각자가 이름에 걸맞은 품성을 갖추고 제 역할을 하도록 만드는 것을 정치의 목적이라고 생각했습니다. 따라서 사회적 지위가 높아질수록 더 높은 수준의 도덕성을 갖추고 솔선수범해야 합니다.

그대가 선을 하고자 하면 백성들은 선해질 것이다.
군자의 덕은 바람이고, 소인의 덕은 풀이다. 풀 위로
바람이 지나가면 반드시 (풀은) 눕게 된다.[15]

아랫사람이 도덕적으로 행동하길 원한다면 먼저 윗사람부터 선한 마음을 갖고 도덕적 삶을 살아야 합니다. 그러면 백성들도 반드시 그 행동을 본받아 선해질 것이기 때문입니다. 윗사람은 안 지키면서 아랫사람에게만 요구하는 도덕은 반감만 살 따름입니다. 우리가 공자의 주장처럼 각자가 속한 공동체 안에서 자신의 지위에 걸맞은 역할과 덕을 갖추고 솔선수범한다면 아마도 태평한 사회가 되지 않을까 생각해 봅니다.

🦋 어떤 경제적 분배가 바람직한가?

공자는 어떤 사회를 이상적인 사회라고 여겼을까요? 공자는 『예기』「예운」 편에 나오는 대동사회(大同社會)를 이상 사회로 추구하였습니다. 대동사회는 현명하고 능력 있는 사람이 등용되고, 타인의 부모도 섬기며 남의 자식도 사랑하고, 혼자 된 노인·과부·고아·병자 등이 부양되며, 재물을 땅에 버리는 것도 싫어하지만 자기 것이라고 감추지도 않으며, 강도나 도둑이 없어서 대문을 닫지 않아도 되는 도덕적인 사회입니다.[16] 이처럼 공자는 자기 가족만 챙기고, 자신의 경제적 이익만 앞세우는 사회가 아니라 사회적 약자와 함께 더불어 잘 사는 사회를 이상으로 추구했습니다. 우리의 자본주의가 나아가야 할 방향도 이렇게 되어야 하지 않을까요?

그렇다면 공자는 경제적 분배 문제에 대해 어떤 의견을 가지고 있었을까요? 재화의 분배에서 중요한 것은 효율성일까요, 형평성일까요? 오늘날에도 분배 문제는 정답이 없는 중요한 사회적 이슈 중 하나입니다. 예를 들어, 모든 사람에게 똑같이 복지 혜택을 주는 보편적 복지가 옳은 것인지, 어려운 계층의 사람을 대상으로 혜택을 주는 선택적 복지가 바람직한지 풀리지 않는 문제로 남아 있습니다. 공자가 분배에 대해 남긴 이야기를 들어 봅시다.

> 국가나 가정을 다스리는 사람은 적음을 걱정하지
> 말고, 고르지[均] 못함을 걱정해야 하며, 가난한 것을
> 걱정하지 말고 평안하지 못함을 걱정해야 한다.[17]

공자는 가장이나 나라를 다스리는 지도자라면 가난한 것을 걱정하기보다는 분배가 고르게 되지 못할 것을 걱정하라고 주장합니다. 만약 어떤 회사에 재민 팀장은 부하 직원들에게 간식을 자주 나누어 준다고 생각해 봅시다. 그런데 자기가 좋아하는 사람은 많이 주고, 별로 마음에 들지 않는 사람은 조금 주거나 아예 주지 않

는다면 과연 이 팀의 분위기는 좋을까요? 반대로 해민 팀장은 간식을 자주 준비하는 편은 아니지만 그래도 간식이 있으면 항상 팀원들 모두에게 균등하게 나누어 주기 위해 노력한다고 생각해 봅시다.

어떤 팀장이 더 마음에 드나요? 아마도 내게 돌아오는 양은 부족할지언정 소외되는 사람이 없는 두 번째 경우가 더 좋다고 생각하리라 믿습니다. 입에 들어가는 음식의 양은 적어도 마음이 더 따뜻하고 평안한 것은 두 번째 경우겠지요.

제가 평소 존경하던 분의 이야기를 해 보겠습니다. 그분은 자신이 읽은 책 중에 너무 좋은 책이 있어서, 그 책을 함께 공유하고 싶은 생각에 그곳에 모여 있던 많은 사람에게 책을 한 권씩 무료로 나누어 주기 시작했습니다. 미리 예고된 일도 아니었고 갑작스럽게 책을 주신다고 하니 너무나 기분이 좋았죠. 그래서 거기에 모였던 사람들이 모두 줄을 서서 책을 받아가게 되었습니다. 그런데 어떤 할머니께서 책을 한 권 받은 후에 또다시 줄을 서서 두 권이나 받으셨습니다. 물론 책을 나누어 주신 분은 할머니께서 두 번이나 책을 받으셨다는 것을 알고 있었습니다. 그런데 왜 알면서도 책을 또 주셨을까요? 나중에 이야기를 들어 보니 할머니에게 그 자리에서 책을 두 번 받으면 안 된다고 말씀드리면 책을 받기 위해 내민 손이 부끄러울까 봐 염려되어 그냥 주셨다고 합니다.

저였다면 아마도 책을 두 번 주지 않았을 것 같습니다. 그렇기 때문에 제가 존경하던 그분이 하신 "손이 부끄러울까 봐 책을 주셨다.”라는 그 말은 제게 큰 감동을 주었습니다. 만약 나에게 먹을 것이 세 개밖에 없는데 주위에 있던 친구 세 명이 달라고 손을 내밀면 어떻게 해야 할까요? 나까지 포함하면 사람은 총 네 명이니 한 개가 부족한 상황입니다. 내가 먼저 먹으면 달라고 했던 친구 중 누군가는 먹지 못하게 되겠지요. 저는 이 일을 겪으며, 내가 안 먹더라도 친구들이 내민 손을 부끄럽게 하지 않는 것이 더 중요하다는 것을 깨달았습니다.

공자가 재화의 고른 분배, 즉 분배에서 효율성보다는 형평성을 강조한 것도 같은 마음이라고 생각합니다. 누구는 받고 누구는 받지 못한다면 받지 못한 사람은 마음에 큰 상처를 받을 수 있습니다. 아무것도 아닌 과자 하나라도 나만 빼고 다른 사람은 다 준다면 얼마나 기분이 안 좋겠습니까? 분배에서 중요한 것은 양을 많이 주는 것이 아니라 누구도 마음에 상처를 받는 사람이 없게 하는 것이라고 생각합니다.

공부를 재미있게, 잘할 수 있는 비법은?

인간이 앎을 추구하는 것은 자연적인 본성이라고 생각합니다. 다른 사람은 다 아는 것을 자신만 모르고 있다면 너무나 알고 싶지 않은가요? 모르는 것이 있는데 그냥 넘어가면 마음이 찜찜하지 않은가요? 저는 궁금한 것을 알고 싶어 하는 것은 매우 자연스러운 현상이라고 생각합니다. 그런데 우리나라의 경우 치열한 입시 경쟁으로 새로운 지식을 쌓는 공부가 재미없는 것으로 낙인이 찍힌 것 같아서 안타깝습니다.

저도 사실 고등학생 때까지도 학문의 즐거움을 제대로 몰랐습니다. 시, 소설과 같은 문학 작품도 시험에 어떻게 나올지 생각하면서 공부를 하니 문학의 참맛을 느끼지 못했습니다. 다행히도 대학 입시라는 부담에서 벗어나 하고 싶은 공부를 하는 요즈음은 참 즐겁습니다. 특히 동양철학 같은 공부는 우리의 삶과 연관성이 깊기 때문에 즐겁게 공부할 수 있습니다. 여러분도 동양철학 공부를 자신의 삶과 연결시켜 공부하다 보면 흥미를 잃지 않을 수 있을 것입니다.

제가 예전에 교수님께 들었던 이야기를 하나 해 보겠습니다. 그 교수님께서 대학원생 시절에 직접 겪으셨던 이야기입니다. 대학원생 때 배우던 내용이 너무 어려워 처음에는 하나도 이해가 안 가다가 졸업할 때쯤 조금 알 것 같다는 생각이 드셨다고 합니다. 그래서 자신의 지도교수님께 이제 좀 알 것 같다고 말씀하셨답니다. 그랬더니 지도교수님이 "좋겠다. 나는 하나도 모르겠는데!"라고 대답하셨다고 합니다. 왜 그렇게 대답하셨을까요? 뭔가 알게 되는 것은 사실 모른다는 사실을 알게 되는 것이 아닐까요?

공자는 평생을 공부를 즐기며 살았던 사람입니다. 공자가 남긴

말 중에 자기 자신을 직접 평가한 말이 있습니다.

> 학문에 몰두하면 먹는 것도 잊고, (배움의) 즐거움으
> 로 인해 근심조차 잊고, 늙어가는 것도 알지 못한다.[18]

이 구절은 발분망식(發憤忘食)이라는 사자성어로도 잘 알려져 있습니다. 끼니도 잊을 정도로 학문에 몰입하는 공자의 모습이 참 존경스럽습니다. 『행복의 정복(The Conquest of Happiness)』이라는 책으로 잘 알려진 영국의 철학자 버트런드 러셀(Bertrand Russell)은 젊은 시절 자살 충동까지 느낄 정도로 힘들었지만, 수학 공부가 재미있어서 자살을 하지 않았다고 합니다. 수학 공부가 이렇게 재미있을 수 있는데, 한국의 수학 교육은 왜 그렇게 학생들이 싫어하는지 안타깝습니다.

제가 특목고에 근무를 할 때 학생들이 수학 공부로 인해 스트레스를 받고 괴로워하는 모습을 자주 보았습니다. 이 고등학교는 대학수학능력시험에서 국어, 영어, 수학의 평균 성적 순위가 전국 3위까지 기록했던 학교입니다. 그럼에도 불구하고 대다수 학생들이 수학 공부 때문에 상담을 요청하곤 했습니다. 학생들이 열심히 공부를 하는데도 불구하고 성적이 나오지 않는 이유에 대해 몇 년 동안 학생들과 함께 고민해 보았습니다. 제가 찾은 답은 『논어』에 나온 공자의 주장과 같습니다.

앎이 삶이 되는 동양철학

아는 것을 안다고 하고 모르는 것은 모른다고 하는 것, 이것이 아는 것이다.[19]

수학을 포함해 어떤 공부라도 모르는 것을 안다고 착각하는 것이 공부를 가로막는 가장 큰 문제라고 생각합니다. 확실히 알기 전까지는 모른다는 사실을 인정해야 하지만 그것은 참 어려운 일입니다. 때로는 자존감을 지키기 위해 무의식적으로 안다는 착각이 들기 때문에 경계하지 않으면 안 된다고 생각합니다. 너무나 신기하게도 공자가 활동했던 시절 서양의 소크라테스(기원전 470~399년)도 '무지의 지'를 자각시키기 위해 노력하였습니다. 이처럼 인류의 성인(聖人)으로 존경받는 공자와 소크라테스가 왜 모르는 것을 모른다고 바르게 알아야 한다고 했을까요?

수학 시험이 끝나고 나면 많은 학생들이 알고 있는 것을 틀렸다고 말합니다. 어떤 학생은 두 번이나 고교 수학 과정을 미리 공부했다고 합니다. 또 어떤 학생은 대학수학능력시험 관련 기출 문제집을 세 번이나 풀었다고 말하기도 합니다. 그런데 정작 수학 시험을 보면 깜짝 놀랄 정도로 점수가 낮게 나옵니다. 자신은 잘 안다고 생각했는데 사실은 몰랐던 것입니다. 특히 수학은 외워서 되는 것이 아닌데 중학교 때까지 외워서 풀었던 기억으로 수학 문제 풀이 방법만 외우고 안다고 착각했던 것입니다. 어떤 학생은 한두 문제를 풀어 보고 문제가 풀리면 다 안다고 단정을 짓고 더 이상 공부를 하지 않기도 합니다.

공부를 잘하기 위해서는 공자와 소크라테스의 주장처럼 '모른다는 사실을 아는 것'이 필요하다고 생각합니다. 다시 말해, '이것은 내가 확실히 아는 것이고, 이것은 아직 모르는 부분이 있구나'를 냉철하게 판단할 수 있어야 합니다. 어쩌면 이것이 공부에서 노력 다음으로 중요한 것이라고 믿습니다. 공부를 잘하려면 아는 것 같을 때 더 확실히 알기 위해 노력해야 하고, 모른다면 모른다는 사실을 빨리 인정하고 확실히 알 때까지 노력해야 합니다. 물론 처음에는 힘들고 괴로운 과정일 수 있지만, 하나하나 알아 가다 보면 공자처럼 학문이 즐거워 식사 시간조차 잊는 일이 일어날 것입니다.

 부(富)의 추구는 잘못인가?

공자는 삶을 사는 지혜를 아낌없이 남기고 간 성인입니다. 공자가 남긴 주옥같은 가르침 중 몇 가지만 더 알아보겠습니다.

군자는 의로움에 밝고, 소인은 이로움에 밝다.[20]

공자는 의로움과 이로움을 구분해 의로움을 추구하는 사람에게는 군자의 칭호를, 이로움을 추구하는 사람에게는 소인이라는 명칭을 부여하였습니다. 사실 군자라는 말은 '임금 군(君)'과 '아들 자(子)'자가 결합된 단어로 임금 아들 또는 벼슬이 매우 높은 사람을 뜻하는 말입니다. 그런데 공자는 이러한 뜻을 무시하고 의로움을 지키는 도덕적인 사람을 군자라고 부른 것입니다. 공자가 살던 고대는 봉건적 신분 질서가 지배하던 시대임에도 불구하고 이러한 발상을 했다는 사실에서 공자의 혁신적인 마인드를 알 수 있습니다.

의로움과 이로움은 사실 한 획 차이에 불과하지만 그 안에 담고 있는 뜻은 너무나 상반됩니다. 춘추전국시대에 묵자라는 사상가는 "천하에 이로운 것이 곧 의로운 것이다."라고 주장하기도 하였습니다. 서양의 공리주의자들도 최대 다수의 최대 행복(이익)이 정의로운 것이라고 생각합니다. 그러나 많은 사람에게 이로움을 준다고 해서 그것을 우리가 의롭다고 단정할 수는 없습니다. 이로움과 의로움은 엄연히 서로 다른 것입니다. 지금까지 한국 사회가 '좋은 게 좋은 거다'라는 식으로 사회의 부정의한 일들에 눈을 감고 의로움을 저버렸기 때문에 아직도 우리는 부정부패 때문에 몸살을 앓아야 하는 게 아닌가 싶습니다. 눈앞의 이로움을 추구하면 당장은 좋을 수 있지만 결국에는 더 큰 재앙이 부메랑이 되어 돌아올 수 있습니다.

공자는 "군자는 섬기기는 쉽지만 기쁘게 하는 것은 어렵다."[21]라고 하였습니다. 왜 그럴까요? 그것은 뇌물이나 부정한 방법을 사용해서는 군자를 기쁘게 할 수 없기 때문입니다. 오로지 도덕적인 수

단과 방법을 통해서만 기쁘게 할 수 있기 때문입니다. 하지만 소인은 뇌물, 비도덕적인 방법, 말도 안 되는 아부나 거짓 칭찬으로도 얼마든지 기쁘게 할 수 있습니다. 살다 보면 이런 소인배들을 많이 만나게 될 것입니다. 우리는 이런 소인이 되지 말아야 합니다.

아마도 영화에서 이런 장면을 본 적이 있을 것입니다. 일단 도둑들이 크게 한탕하기 위해 팀을 모읍니다. 그들은 환상적인 팀워크를 발휘해 보안 장치가 완벽해서 뚫을 수 없을 것 같은 보안망을 해제하고 귀중품을 훔치는 데 성공합니다. 그런데 영화의 마지막 순간에는 꼭 이런 일이 벌어지곤 합니다. 팀원 중 누군가가 배신해서 그 돈을 다 가지려고 하고, 결국에는 모두 잡히거나 죽게 되는 장면입니다. 도둑들이 결국 스스로 망하는 이유는 이로움만 밝히는 소인이기 때문입니다. 하물며 도둑들에게도 의로움은 중요한 덕목입니다.

올바른 삶을 살기 위해 이로움이 아니라 의로움을 추구하는 삶을 살아야 합니다. 나라의 독립을 위해 살신성인(殺身成仁)의 자세로 목숨을 바친 독립운동가들의 숭고한 삶은 모두 이로움이 아니라 의로움을 추구한 삶입니다. 나아가 민주 시민으로서 어떤 제도가 생길 때 그 제도가 아무리 나에게 이익이 된다고 해도 과연 의로운 것인지, 사회적 약자들에게는 혹시 부당한 피해가 생기지는 않을지 고민하는 사람이 되어야 합니다.

그렇다면 우리는 이로움을 추구하면 안 될까요? 공자는 우리에게 이렇게 말합니다.

> 나라에 도가 있을 때에는 가난하고 천한 것이 부끄
> 러운 일이지만, 나라에 도가 없을 때에는 부유하고 귀
> 한 것이 부끄러운 일이다.[22]

나라가 정의롭고 도덕이 실현된 상태일 때 우리가 가난하고 비천한 것은 우리의 노력이 부족했기 때문이니 우리의 잘못이라 할 수 있습니다. 하지만 나라가 정의롭지 못할 때, 예를 들면 일제강점기에 부귀를 누렸다는 말은 친일파라는 이야기이고, 이는 매우 부끄러운 일입니다.

공자는 우리에게 무조건 부를 포기하고 의로움만 추구하라고 고리타분하게 훈계한 것이 아닙니다. 나라가 정의롭다면 우리는 열심히 학문과 인격을 닦아 이름을 널리 알리기 위해 노력해야 한다고 주장합니다. 이처럼 공자는 도덕적인 방법으로 열심히 노력해서 얻은 부(富)와 명예까지 부정한 것은 결코 아닙니다.

어떻게 살아야 하나?

평소 남의 탓을 얼마나 하시나요? 살다 보면 마음대로 되지 않

는 일들이 많이 있습니다. 공부를 열심히 했는데 성적이 오르지 않았을 때 학교 탓, 학원 탓, 선생님 탓, 부모님 탓을 해 본 적은 없나요? 회사 일이 잘 안 될 때 동료 탓, 상사 탓, 부하 직원 탓을 해 본 적은 없나요? 심지어 자신의 외모가 마음에 들지 않는다고 부모님 탓을 하며 원망하기도 합니다. 하지만 이렇게 남의 탓만 한다고 해결되는 것은 아무것도 없습니다. 공자가 군자와 소인을 대비시킨 말 중 아주 유명한 구절을 소개해 보겠습니다.

> 군자는 (잘못된 원인을) 자기에게서 찾고, 소인은
> 남에게서 찾는다.[23]

훗날 공자를 계승한 맹자도 비슷한 말을 남깁니다. 맹자는 "화살을 쏘아서 적중하지 않아도 나를 이긴 사람을 원망하지 않고 돌이켜서 자신에게서 찾을 뿐이다."[24]라고 하였습니다. 어떤 일이 잘되면 자기가 잘나서 그렇다고 생각하고, 실패하면 남의 탓을 하는 사람이 있습니다. 이런 소인과 함께 지내다 보면 원망이나 듣게 되고 피곤하겠지요. 그렇다면 어떻게 살아야 할까요? 일이 잘 풀릴 때 다른 사람에게 공을 돌리고, 일이 잘못되었을 때 내 탓이라고 말할 수 있어야 합니다. 이렇게 살아가는 군자다운 사람을 미워할 사람이 있을까요? 오히려 큰 존경을 받겠지요. 다른 사람에게 존경받는 사람이 되고 싶지 않나요? 존경받고 싶은 마음이 있다면 공자

앎이 삶이 되는 동양철학

와 맹자의 주장을 실천해 보세요. 공자의 유명한 주장을 하나 더 소개합니다.

> 군자는 조화를 이루지만 같아지지 않고, 소인은 같
> 지만 조화를 이루지 못한다.[25]

'화이부동(和而不同)'이라는 말로 널리 알려진 이 구절은 사람들과 어떻게 조화를 이루고 살아야 하는지를 잘 보여 줍니다. 인간은 타인과 함께 살아갈 수밖에 없습니다. 따라서 주위 사람과 어떤 관계를 맺느냐에 따라 삶의 질이 달라집니다. 군자는 타인과 조화를 이루지만 자신의 소신을 지킬 줄 아는 사람이라면, 소인은 자기 생각이 없고 아부나 하며 윗사람의 말에 굽실거리면서 무조건 맞다고 동의하지만 타인과 조화를 이루지는 못합니다[同而不和]. 타인과 잘 지내기 위해 내 소신을 버릴 필요는 없다는 말입니다. 저는 소통에서 중요한 것은 생각의 같고 다름이 아니라 타인을 대하는 마음가짐이라고 생각합니다. 비록 서로 생각이 달라도 진심 어린 마음으로 소통하고 자신의 입장을 설명한다면 타인과 조화를 이루며 살 수 있지 않을까요?

이제 『논어』의 첫 구절에 나오는 공자의 말로 마무리해 보고자 합니다.

배우고 그것을 때때로 익히면 또한 기쁘지 아니한가?

벗이 있어 멀리에서 찾아오면 또한 즐겁지 아니한가?

남이 알아주지 않아도 성내지 않는다면 또한 군자

가 아니겠는가?[26]

우리는 인격 수양을 위해 학문을 배우고 익혀야 합니다. 공자는 위기지학(爲己之學)과 위인지학(爲人之學)을 구분해 제시하였습니다. 잘못 읽으면 혼동하기 쉬운데, 위기지학은 자신의 이익을 위한 공부나 이기적으로 돈을 벌기 위한 공부를 의미하는 것이 아닙니다. 위기지학이란 인격 완성과 자기 수양을 위해서 하는 공부를 의미합니다. 반면에 위인지학이란 남을 위한 이타적인 공부라는 의미가 아니라 남에게 보여 주기 위해서, 잘난 척하기 위해 하는 공부를 의미합니다. 우리가 해야 할 공부는 위인지학이 아니라 위기지학입니다.

공자는 "배우고서 생각하지 않으면 어리석고, 생각만 하고 배우지 않으면 위태롭다."[27]라고 하였습니다. 이는 철학을 공부하는 자세를 잘 알려줍니다. 공자의 명언을 달달 외우기만 하는 것이 무슨 의미가 있을까요? 철학을 배웠으면 스스로 생각하는 시간을 가져야 합니다. 그렇게 해야만 앎이 삶으로 연결될 계기를 갖게 됩니다.

반대로 철학을 학문적으로 공부할 필요가 없다고 생각해 전혀 공부를 하지 않는 것도 바람직하지 않습니다. 철학은 인간과 사회

앎이 삶이 되는 동양철학

를 깊이 있게 바라보고, 눈에 보이는 현상 이면에 존재하는 본질을 꿰뚫어 볼 수 있는 안목을 길러 줍니다. 내 생각뿐 아니라 다른 철학자들의 생각을 공유하고 그 의미를 공부함으로써 사고의 폭과 깊이를 확장할 수 있습니다. 올바른 철학 공부를 통해 얻은 앎은 우리를 보다 나은 삶을 살 수 있도록 안내할 것입니다.

공자는 학문하는 사람의 태도를 4단계로 말하였습니다. 최고의 단계는 태어나면서부터 아는 사람(生而知之者, 생이지지자)이고, 두 번째는 배워서 아는 사람(學而知之者, 학이지지자)이며, 그다음이 어려움에 처하면 배우는 사람(困而學之者, 곤이학지자)이고, 마지막이 어려움에 처해도 배우지 않는 사람(困而不學者, 곤이불학자)입니다.

우리들은 살다 보면 생각이 짧아서 곤란하고 어려운 일에 처하게 됩니다. 인간관계에서 실언도 하고 실수도 하지요. 많은 사람은 실수를 해 사고를 치고 나서야 자신의 언행에 대해 후회를 합니다. 그런데 이때도 자신을 돌아보며 공부하지 않는다면 정말 큰일이지요. 국어, 영어, 수학 공부가 아닌 인격 수양을 위한 공부를 후회할 일이 생기기 전에 미리미리 해야 합니다.

우리는 혼자 살 수 없습니다. 생계 해결을 위해서도, 정신적인 행복을 위해서도, 자신의 꿈을 실현하기 위해서도 혼자 사는 것은 바람직하지 않습니다. 잠시 혼자 있고 싶을 수는 있겠지만 영원히 혼자 산다면 너무 슬픈 일이지요. 혼자 살 수 없다면 친구, 이웃 등 우리와 함께 살아가는 사람과 좋은 관계를 유지하면서 살아야 행복할 수 있습니다. 우리가 공부하는 이유는 국어, 영어, 수학을 잘해서 남보다 성공하고, 돈을 많이 벌기 위해서가 아니라고 생각합니다. 다른 사람과 함께 행복하게 지내기 위해서 필요한 삶의 지혜를 깨닫기 위해서 공부를 해야 하지 않을까요?

우리 주위에 착한 사람이 많았으면 좋겠습니까, 나쁜 사람이 많았으면 좋겠습니까? 우리가 다른 사람이 도덕적인 사람이 되어서 나에게 잘해 주길 기대한다면, 나 또한 타인에게 도덕적인 사람이 되어서 다가가야 합니다.

열심히 공부하고, 남들도 배려하면서 도덕적으로 살았지만 아무도 알아주지 않는다고 해서 화를 내지도 말아야 합니다. 열심히 살았음에도 불구하고 주위 사람에게 인정받지 못했다면 그것은 나의 잘못이 아닙니다. 그것은 준비된 나를 못 알아보는 그 사람의 잘못이니 걱정할 필요가 없습니다. 남이 아니라 세상에서 가장 이기기 힘든 나에게 인정을 받을 수 있는 삶을 살았으면 좋겠습니다.

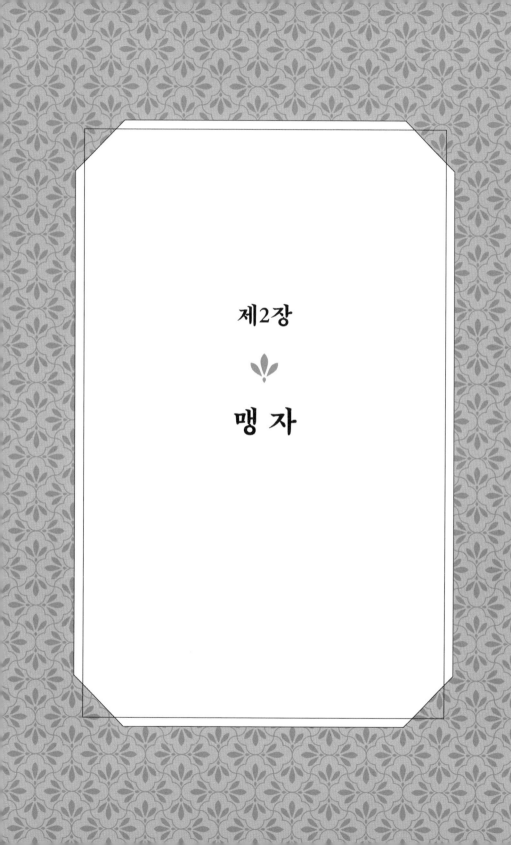

제2장

맹자

맹자(孟子)

중국 전국시대의 유교 사상가(기원전 372~289년)로 추(鄒)나라에서 태어났다. 이름은 가(軻)이고, 자는 자여(子輿)이다. 공자의 사상을 계승하여 발전시켰으며, 인의(仁義)를 바탕으로 하는 왕도 정치를 해야 한다고 제후들에게 설파하며 다녔다. 하지만 제후들은 부국강병에 관심이 집중되어 있었기 때문에 그의 사상이 채택되지는 못했다. 만년에는 고향인 추나라로 귀국하여 제자들을 교육하는 데 전념하였다. 『맹자(孟子)』에는 그의 사상이 잘 나타나 있다.

제2장
맹자

 인간은 본래 선한가?

공자와 맹자가 살았던 시기를 춘추전국시대라고 부릅니다. 자세히 구분해 보면 공자(기원전 551~479년)는 춘추시대를, 맹자(기원전 372~289년)는 전국시대를 살았습니다. 전국(戰國)이라는 말에서 알 수 있듯이, 맹자는 치열한 전쟁이 그치지 않고 발생하던 혼란의 시대를 살았다고 생각하면 됩니다. 맹자의 이름은 가(軻)입니다. 공자, 맹자, 순자라고 할 때 끝에 붙는 '자'는 이름이 아니라 존경의 의미로 담아서 붙인 존칭입니다.

맹자 또한 자신의 정치사상인 왕도 정치, 쉽게 말해 인의(仁義)의 덕으로 통치하는 정치를 펴기 위해 많은 제후들을 만나 설득했습니다. 그 당시 제후들은 왕도 정치보다는 부국강병에 관심이 많았기 때문에 맹자의 정치사상을 수용하지 않았습니다. 이러한 이유로 맹자는 자신의 뜻을 펼치지 못하고 고향으로 돌아와 제자들과 학문에 열중합니다. 맹자는 공자가 죽은 후 약 100년 후에 태어났으므로 공자에게서 직접 가르침을 받지는 못했습니다. 그러나 맹자는 공자의 인격이나 학문을 근본으로 삼아 유교 사상을 발전시켜 나갔습니다.

맹자의 가장 유명한 학설은 성선설(性善說)입니다. 성선설이란 인간이 타고난 본성은 선하다는 학설을 의미합니다. 맹자는 자신이 주장한 성선설의 타당성을 입증하기 위해 다양한 근거를 제시합니다. 우선 맹자는 인간은 누구나 불인인지심(不忍人之心)을 지니고 있다고 주장합니다. 불인인지심이란 '차마 하지 못하는 인간의 마음'이라는 뜻입니다. 그렇다면 무엇을 차마 하지 못할까요? 맹자가 든 유명한 예시를 함께 살펴보시죠.

갑자기 어린아이가 우물 쪽으로 기어가 장차 빠질 것 같은 장면을 본다면 모두 깜짝 놀라 측은히 여기는 마음이 생길 것이다. 이는 어린아이의 부모와 교제하기 위해서도 아니고, 동네 사람이나 친구들로부터 칭찬을 받기 위해서도 아니며, 그 (비난하는) 소리가 듣기 싫어서도 아니다.[1]

이 예시는 맹자가 든 예시 중에서 가장 유명한 것입니다. 후대의

앎이 삶이 되는 동양철학

많은 유학자들에 의해서 재인용되기도 하니, 잘 기억해 두면 좋습니다. 만약 아무것도 모르는 어린아이가 우물 쪽으로 기어가다가 곧 빠질 것만 같은 장면을 본다면 어떻게 하겠습니까? 이 장면을 보고도 아무런 마음도 생기지 않는 사람이 있을까요? 이 상황에서 깜짝 놀라 측은히 여기는 마음이 들고, 차마 모른 척하고 그냥 지나치지 못하는 '불인인지심'이 생기는 것은 특정한 사람에게만 일어나는 현상일까요? 당연히 아닐 것입니다. 아무리 냉정한 사람이라도 측은한 마음[惻隱之心]이 들어 어린아이가 그냥 빠져 죽게 내버려 두지는 못할 것입니다. 맹자는 인간이라면 누구나 불쌍한 사람을 보면 돈, 명예 등 다른 이유 때문이 아니라 자연스럽게 측은한 마음이 든다고 주장합니다. 이러한 이유로 맹자는 모든 인간은 선한 본성을 지니고 있다고 주장하는 것입니다.

맹자는 측은히 여기는 마음인 측은지심(惻隱之心) 이외에도 수오지심(羞惡之心), 사양지심(辭讓之心), 시비지심(是非之心)을 선천적으로 지닌다고 주장합니다. 하나씩 예를 들어 생각해 봅시다. 시험 시간에 커닝을 하다가 들켰다면 수치심이 들겠지요. 또 도둑질, 강도, 성범죄자, 사기꾼 등을 보면 자연스럽게 미워하는 마음이 듭니다. 이처럼 내가 저지른 옳지 못한 행위에 대해서는 수치스러워하고, 남의 옳지 못한 행동에 대해서는 미워하는 마음이 드는 것이 수오지심입니다. 가끔 뉴스를 통해 다양한 범죄자들의 모습을 볼 수 있는데, 언론에서 카메라를 들이대면 하나같이 자신의 얼굴을 가리느라 애씁니다. 이런 모습을 보며 우리는 범죄자를 미워하게 됩니다. 이를 통해 누구나 수오지심을 가지고 있다는 것을 알 수 있습니다.

사양지심은 양보하고 사양하는 마음을 의미합니다. 우리는 대중교통을 이용할 때 노약자나 임신부에게 자리를 양보하는 사람을 많이 볼 수 있습니다. 혹시 양보를 안 하시나요? 사실 저도 어린 자녀와 함께 지하철을 탈 때가 있었습니다. 그런데 사람들이 좀처럼 양보해 주지 않더군요. 그렇다면 맹자의 의견이 틀렸다고 할 수 있을까요? 혹시 몸이 너무 피곤해서 양보하지 않았을 때 마음이 편하셨나요? 버스나 지하철에서 노인이 탔을 때 양보해 주지 않는 사람들의 행동을 잘 살펴보면, 하나같이 자는 척하거나 다른 곳을 보거나 스마트폰에 몰입한 척합니다. 결국 편안함을 추구하는 육체적 욕구를 이기지 못해 양보를 해 주지 않은 사람이라고 할지라도 모른 척하려고 노력하는 것을 보면 사양지심이 누구에게나 있다는 사실을 알 수 있습니다.

시비지심이란 옳고 그름을 가릴 수 있는 마음을 의미합니다. 거짓말, 도둑질, 살인, 폭행 등은 옳지 못한 일로, 우리가 하지 말아야 할 행동입니다. 그런데 이런 행동들을 일일이 다 가르쳐 주어야 나쁜 행동이라는 것을 알게 되는 것은 아닙니다. 무엇이 옳은 행동이고 무엇이 그른 행동인지 하나하나 가르쳐 주지 않아도 우리는 그것을 알고 있습니다. 학교 수업 시간에 교실 바닥에 누워 있으면 안 된다고 굳이 말할 필요가 없는 것은 누구나 가르쳐 주지 않아도 그런 행동은 잘못이라는 것을 알기 때문입니다. 만약 시비지심이 없다면 해야 할 일과 해서는 안 될 일을 하나에서 열까지 일일이 알려 주어야만 하겠지요.

맹자는 측은지심, 수오지심, 사양지심, 시비지심이라는 네 가지 마음이 없다면 사람이 아니라고 주장합니다. 그렇다면 우리에게 이 네 가지 마음이 자연스럽게 생기는 이유는 무엇일까요? 도대체 우리 마음 깊은 곳에는 무엇이 있어서 이런 마음이 들게 할까요?

측은지심은 인의 단서요, 수오지심은 의의 단서요, 사양지심은 예의 단서요, 시비지심은 지의 단서이다.[2]

인의예지는 밖에서부터 나를 녹여서 들어온 것이 아니라 내가 본래 그것(인의예지)을 가지고 있는데, 생각하지 않을 따름이다. 그러므로 말하기를, 구하면 얻고 버리면 잃는다고 한다.[3]

맹자는 측은지심, 수오지심, 사양지심, 시비지심을 단서[4]로 삼아 마음속에 하늘이 부여한 인(仁), 의(義), 예(禮), 지(智)가 있다고 주장합니다. 불쌍한 처지에 있는 사람을 보면 누구나 측은한 마음이 드는 것은 우리 마음속에 '인(仁)'이라는 인간적인 사랑이 본성으로

45

존재하기 때문이고, 잔인한 범죄자를 보면 미워하는 마음이 드는 것은 마음속에 '의(義)'라는 정의로움이 본성으로 존재하기 때문이며, 노약자를 보면 양보해야겠다는 마음이 드는 것은 '예(禮)'가 본성으로 존재하기 때문이고, 도둑질이 나쁜 짓인지 아닌지를 배우지 않아도 알 수 있는 것은 '지(智)'가 본성으로 존재하기 때문입니다. 그렇지 않고서는 인간에게 보편적으로 나타나는 네 가지 마음을 설명할 수 없으니까요. 그래서 맹자는 측은지심, 수오지심, 사양지심, 시비지심을 인의예지가 있다는 단서가 되므로 사단이라고 불렀습니다.

맹자가 인간이 선함을 증명하기 위해 들었던 근거가 하나 더 있습니다. 인간은 누구나 양지(良知)와 양능(良能)을 지니고 있다는 것입니다. 양지란 생각하지 않아도 아는 것이고, 양능이란 배우지 않아도 할 수 있는 것으로 둘 다 선천적인 것입니다. 맹자는 어린아이도 부모를 사랑하는 것을 모르지 않고, 자라서는 형(어른)을 공경하는 것을 모르지 않는다는 예시를 듭니다. 맹자는 부모 사랑은 인(仁)에 해당하는 것이고, 어른을 공경하는 것은 의(義)에 해당하는 것이라고 보았으므로, 이는 누구나 인과 의라는 도덕성을 지니고 있음을 강조한 것입니다.

성선설에 대해 공부하면서 착각하지 말아야 할 것이 있습니다. 인간의 본성이 선하기 때문에 아무런 노력 없이도 도덕적인 삶을 살 수 있다고 오해해서는 안 됩니다. 맹자는 인간과 동물의 차이는

앎이 삶이 되는 동양철학

극히 적다[幾希]고 주장하였습니다. 그 아주 작은 차이란 바로 인간의 도덕적 본성을 의미합니다. 맹자는 다음과 같이 경고합니다.

> 사람에게 이 사단이 있음은 마치 사체(사지)가 있는 것과 같다. 이 사단이 있는데도 스스로 할 수 없다는 사람은 자신을 헤치는 사람이다. … 무릇 나에게 있는 사단을 넓히고 채울 줄 안다면, 마치 불이 처음 타기 시작하고, 샘물이 처음 솟는 것과 같다. 진실로 능히 사단을 확충하면 족히 사해(온 세상)를 보전할 수 있지만, 만약 확충하지 못하면 부모도 섬기지 못할 것이다.[5]

맹자는 인간은 누구나 두 팔과 두 다리, 즉 사지(四肢)를 갖고 태어나듯이 사단을 선천적으로 지니고 태어난다고 강조하면서, 인간만이 지니는 작은 차이를 넓히고 채우는 확충, 즉 사단의 확충을 위한 노력 없이는 결코 선하게 살 수 없다고 역설합니다. 예컨대 버스에서 할머니에게 자리를 양보해야 한다는 마음이 들어도 양보하지 않는 것은 사단을 확충하는 수양이 부족하기 때문에 사욕을 이겨내지 못한 결과입니다. 결국 성선설의 입장도 선한 삶을 위해서는 사사로운 욕심을 극복하는 지속적인 수양의 필요성을 강조한다는 점을 잊어서는 안 됩니다.

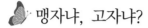 ## 맹자냐, 고자냐?

맹자의 성선설에 반대한 철학자가 있었습니다. 그는 고자(告子)인데, 인간의 본성은 선이나 악으로 정해져 있지 않다고 보았습니다. 고자는 인간 본성은 식욕과 성욕[食色]과 같은 자연스러운 생리적 욕구이므로, 선한 것도 악한 것도 아니라고 주장하였습니다. 이러한 고자의 본성론을 성무선악설(性無善惡說)이라고 합니다. 맹자와는 의견이 달랐기 때문에 둘이 벌인 논쟁이 『맹자』에 남아 있습니다. 고자의 주장부터 들어 보시죠.

> 본성은 소용돌이치고 있는 물과 같아서 동쪽으로
> 터 주면 동쪽으로 흐르고, 서쪽으로 터 주면 서쪽으로
> 흐른다. 사람의 본성은 선함과 선하지 않음의 구분이
> 없다. 마치 물에 동쪽과 서쪽의 구분이 없는 것과 같다.[6]

고자는 고여서 소용돌이치고 있는 물은 물길을 어느 쪽으로 내주는가, 즉 환경을 어떻게 만들어 주는가에 따라 물의 방향이 바뀌는 것이지 미리 정해진 것이 아니라고 주장합니다. 이는 인간의 본성이 선으로 정해져 있는 것이 아니며, 선해지고 악해지는 것은 후천적인 교육이나 환경 등에 달려 있다는 것입니다. 맹자는 다음과 같이 반론합니다.

앎이 삶이 되는 동양철학

물에 진실로 동서의 구분은 없지만, 상하(上下)의 구분도 없는가? 사람의 본성이 선한 것은 마치 물이 아래로 흐르는 것과 같다. 사람에는 선하지 않은 사람이 없고, 물에는 아래로 흐르지 않는 물이 없다. 이제 물을 쳐서 튀어 오르게 하면 이마를 넘길 수 있고, 물을 거꾸로 흐르게 하면 산에도 있게 할 수 있으나 이것이 어찌 물의 본성이겠는가? 그것은 힘으로 그렇게 된 것이다. 사람도 선하지 않은 행동을 하게 만들 수는 있지만 그 본성(이 악한 것이 아니라) 역시 이 경우와 같다(힘에 의해서 악한 행동을 한 것이다).[7]

고자는 본성이 선악으로 정해져 있지 않다는 점을 물의 흐름에 동서가 정해져 있지 않음을 근거로 주장하고 있습니다. 맹자는 이 주장에 반대해, 물의 본성이 위에서 아래로 흐르도록 정해진 것처럼 인간의 본성도 선으로 정해져 있다고 강조합니다. 나아가 물을 인위적으로 위로 올라가게 만들 수 있는 경우를 예로 들며, 나쁜 행동을 하는 사람도 있지만 그것은 본성에서 나온 것이 아니라 외부적 요인에 의해 그렇게 된 것일 뿐이라고 주장합니다. 맹자의 반론이 서양철학처럼 수학적이거나 논리적이지는 않지만 물의 속성을 활용한 절묘한 비유를 통해 자신의 주장을 정당화하는 모습은 매우 인상적입니다.

인간의 본성이 선인지 악인지, 선도 악도 아닌지는 과학이 발전해도 정확히 알 수 없는 문제입니다. 착한 행동을 하는 사람이나 아무것도 모르는 어린이를 보면 성선설이 맞는 것 같다가도 제각기 다른 사람의 모습과 상반되는 인간성을 보이는 사람을 보면 성무선악설이 맞는 것 같다는 생각이 들기도 합니다. 만약 성선설이 맞다면 우리는 타고난 본성을 회복하기 위해 노력해야 하고, 어떻게 해야 그 본성을 잘 발휘할지를 연구해야 합니다. 반면에 성무선악설이 맞다면 본성의 발휘가 아니라 환경과 교육과 같은 후천적인 요소들을 어떻게 통제해야 할지를 탐구해야 합니다.

확실히 답도 없는 것을 주장하고 탐구하는 것이 무슨 의미가 있냐고 할 수도 있겠지만, 철학자들이 어떤 주장을 할 때 자신의 본성론이나 우주론에 근거하고 있음을 발견하면 철학이라는 학문이 매우 체계적이라는 사실을 깨닫게 됩니다. 그래서 여기서는 이렇게 말했다가 저기서는 저렇게 말하는 변덕스러운 사람한테 우리는 철학이 없다고 비판합니다.

반면에 철학자들의 발언은 자신의 철학 체계 안에서 유기적으로 통일을 이루고 있습니다. 예컨대 맹자는 '할 수 없는 것[不能]'과 '하지 않는 것[不爲]'을 구분하면서 그 두 가지는 엄연히 다르다고 주장합니다. 이 주장은 그의 성선설에 근거해 이해해야 정확히 이해할 수 있습니다. 다시 말해, 선한 본성을 가지고 있으면서도 여러 가지 핑계를 대며 도덕적으로 살지 않는 사람들에게 선행은 '할 수 없는 것'이 아니라 '하지 않는 것'이라고 따끔하게 지적하는 것입니

앎이 삶이 되는 동양철학

다. 이처럼 철학자들의 사상에 담긴 통일성을 찾아보면서 철학을 공부하면 철학의 매력에 빠져들 수 있습니다. 여러분들도 하나의 철학 사상에 담긴 주장들을 서로 연관시키며 공부해 볼 것을 추천합니다.

🦋 사랑에 차별이 있을 수 있나?

춘추전국시대에는 고자 이외에도 수많은 사상가들이 활동하였는데, 그중에서도 묵가는 그 당시 상당한 영향력을 끼치고 있었습니다. 유가와 묵가는 서로의 사상을 비판하였는데, 유가 사상가 중에서는 특히 맹자가 묵가 사상을 강력하게 비판하였습니다. 묵가의 대표 철학자는 묵가의 시조인 묵자(墨子)인데, 묵자는 겸애(兼愛)와 교리(交利)를 강조하였습니다. 겸애는 모든 사람을 똑같이 사랑하라는 사상이고, 교리는 서로 이익을 나누어 이롭게 하라는 사상입니다. 또 묵자는 절용(節用), 즉 검소한 삶을 강조하면서 유가의 성대한 장례와 삼년상 및 음악[樂]을 중시하는 태도를 사치와 낭비라고 비판하였습니다. 이처럼 그 당시 유가와 묵가는 치열한 경쟁 상대였습니다.

여기서는 묵자의 겸애와 유가의 인의 차이점에 대해 살펴보겠습니다. 묵자의 겸애설은 유가의 인(仁)처럼 사랑을 주장하고 있지만 그 성격이 다릅니다. 유가의 사랑은 존비(尊卑, 높고 낮음)와 친소(親疏, 친하고 소원함)의 구별이 있는 사랑이라면, 묵자의 겸애는 모든 사람을 똑같이 평등하게 사랑하라는 사상입니다. 묵자는 타인, 타인의 가족[他家], 다른 나라[他國]를 자신, 자기의 가족[自家], 자기 나라[自國]처럼 차별 없이 사랑하라고 주장합니다. 반면에 유가의 인(仁)은 자연적인 친애(親愛)의 감정에 기초한 사랑으로 자신의 부모를 타인의 부모보다 더 사랑하는 것을 당연시 여깁니다.

여러분은 묵자의 겸애설을 수용하실 수 있나요? 자신의 부모와 다른 사람의 부모를 똑같이 사랑할 수 있나요? 옆집 사는 아저씨를 자기 아버지처럼 사랑할 수 있나요? 물론 쉽게 받아들이기 힘들겠지만 묵자의 이야기를 들어 보면 일리 있는 주장이라는 생각이 들 것입니다. 묵자의 주장을 들어 볼까요.

그렇다면 감히 물어보겠다. 지금 평원과 광야가 이 곳에 있고, 갑옷을 입고 투구를 쓰고 장차 전쟁에 나 가려고 하는데, 죽을지 살지를 저울질해 보아도 알 수 가 없다. 또한 임금의 대부가 파나라, 월나라, 제나라, 초나라에 사신으로 멀리 가게 되었는데, 무사히 갔다 가 돌아올 수 있을지는 알 수가 없다. 그래서 감히 물 어보아도 장차 나타날 해악은 알 수가 없다. 집안의 부모님을 받들고 아내와 자식을 거느려 이끌고 가서 그들(부모, 처자)을 맡기고자 할 때, 겸애[兼]하는 친구에게 맡길 것인지 차별[別]하는 친구에게 맡길 것인지를 알지 못하겠다. 나는 이 경우에 당연히 이렇게 하리라 생각하는데, 천하의 어리석은 사내나 어리석은 여자도 비록 겸애를 반대하는 사람이라도 반드시 겸애하는 친구에게 맡길 것이다. 이것은 말로는 겸애에 반대하면서도 선택은 겸애를 취하는 것이니, 곧 이는 언행이 다른 것이다.[8]

우리가 죽을지도 모르는 전쟁터로 가야 할 때 자신의 가족을 친구에게 맡겨야만 한다면, 우리는 분명히 자기 가족부터 사랑하고 나서 다른 가족을 사랑하는 친구가 아니라, 자기 가족과 남의 가족을 똑같이 사랑해 줄 친구에게 맡길 것입니다. 우리가 겸애를 원한다면 당연히 우리도 그렇게 행동해야 한다는 것이 묵자의 주장입니다. 나아가 묵자는 자신의 겸애설을 근거로 차별적인 사랑[別愛]이 서민의 생계를 위협하는 전쟁의 원인이라고 지적하고, 침략 전쟁에 반대[非攻, 공격 전쟁 반대]하는 평화론을 주장하였습니다. 하지만 맹자는 차별이 없는 사랑을 강조하는 묵자의 겸애설을 자기 부모를 부정한다는 의미로 아버지가 없는 것[無父]이며, 금수(禽獸)와 같은 행동이라고 비판합니다.

유가는 인, 즉 사랑에는 존비친소의 구별이 있다고 주장하고,

묵자는 존비친소의 구별이 없다고 주장합니다. 묵자의 주장과 맹자의 주장 중 누구의 입장을 지지하나요? 정답이 없는 물음입니다. 맹자는 "사람들이 자기 부모를 친애하고 자기 형을 공경하면 온 천하가 평화롭게 될 것이다."[9]라고 주장합니다. 또 다음과 같이 이야기합니다.

> 나의 노인부터 노인으로 모시고 그 마음을 남의 노인에게까지 미치게 한다. 나의 어린이부터 사랑하고 그 마음을 남의 어린이에게까지 미치게 한다. (그러면) 천하를 손바닥 위에서 운용할 수 있을 것이다(손쉽게 천하를 다스릴 수 있다).[10]

맹자는 일단 내 부모, 내 자녀부터 사랑해야 한다고 주장합니다. 자신의 부모와 자녀를 사랑하는 마음은 인간이 지닌 자연스러운 친애의 감정입니다. 이러한 사랑의 마음은 어떤 이해관계도 따지지 않는 진심이 담겨 있어서 사랑의 이상적인 모습을 잘 보여 줍니다. 진솔한 사랑의 경험이 있어야 타인에게도 그러한 사랑을 베풀 수 있을 것입니다. 이는 마치 부자로 태어나서 고생 한번 해 보지 않은 사람이 극빈층의 고통을 헤아리기 어려운 것과 같습니다.

어떤 감정이 진심이 되기 위해서는 그러한 감정을 느껴 본 경험이 있어야 한다고 생각합니다. 남자들이 자신의 군대 이야기를 하는 것을 여자들이 제일 싫어하는 이유도 여자들은 군대에 다녀온 경험이 없어서 함께 공감할 수 없기 때문이 아닐까요? 인간관계에서 어떤 중요한 일을 할 때 진심이 없다면 결코 성공할 수 없을 것입니다. 따라서 맹자도 진심으로 사랑할 수 있는 자기 가족부터 사랑하고 난 후에 그 마음을 잘 간직해 타인에게 확장해 나가야 한다고 주장하는 것이라 생각합니다.

천하를 손쉽게 다스릴 수 있는 도덕적인 사회로 만드는 일은 실로 중요한 일입니다. 맹자는 이를 실현하기 위해서는 그 방법을 먼 데서 찾거나 어려운 일을 실천해야만 하는 것이 아니라 가까운 데에서 찾아서 가장 기본이 되는 것(가족 사랑)부터 실천해야 한다고 주장합니다. 이는 공자의 제자 유자(有子)가 군자는 근본에 힘쓴다[君子務本]고 주장하면서 인을 행하는 근본으로 효제(孝悌)를 강조한 것과도 같은 맥락입니다. 혹시 꼭 이루고 싶은 중요한 일이 있나요? 그렇다면 가장 기본이 되는 것부터 진심을 다해 실천해 보시기 바랍니다.

여기서 우리가 결코 오해하지 말아야 할 것은 유학자들이 가족에 대한 사랑만 강조한 것은 아니라는 점입니다. 묵자뿐만 아니라 유학자들도 자신의 가족을 넘어 타인을 사랑해야 한다고 주장하였습니다. 맹자와 묵자의 차이가 있다면 묵자는 자신과 타인을 구분 없이 사랑해야 한다는 것이고, 맹자는 우선 친한 사람(가족)부터 사랑한 후에 그 마음을 살려 점차 사회, 국가, 세계로 확대시켜 나가야 한다는 것입니다. 어떤 마음가짐으로 사랑을 하는 것이 사회 혼란을 해결하고 이상적인 사회를 만드는 데 기여할 수 있을까요? 묵자와 맹자의 사상 중 누구의 주장이 맞는지 한번 곰곰이 생각해 보기 바랍니다.

🦋 학문의 도(道), 우리가 찾아야 할 것은?

맹자는 인간을 선한 본성을 지닌 존재로 보았기 때문에 도덕적인 본성을 회복할 것을 강조하였습니다. 오늘날 학문이나 공부를 한다고 하면 주로 지식의 확충만을 의미하지만 유가의 공부라는 것은 도덕적 인격의 수양이라고 할 수 있습니다. 학문도 인격 수양을 위한 하나의 수단인 것이죠.

> 인(仁)은 사람의 마음이고, 의(義)는 사람의 길이다. 그 길을 버리고 따르지 않으며, 그 마음을 놓아 버리고서도 구할 줄을 모르니, 슬프도다. 사람들은 닭이나 개를 놓아 버리면 그것을 구할 줄은 알면서도 마음을 놓아 버리면 구할 줄을 모른다. 학문의 도는 다른 것이 없다. 놓아 버린 마음을 구하는 것일 뿐이다.[11]

이 내용은 '구방심(求放心)'으로 잘 알려진 구절입니다. 즉, '놓아

버린 마음을 찾는 것'이 바로 학문의 길이라는 뜻입니다. 인간은 본래 선해서 도덕성을 지니고 있습니다. 그러나 살다 보면 온갖 유혹에 빠져 인과 의와 같은 도덕적인 마음을 잃어버리곤 합니다.

그런데 더 큰 문제는 도덕적 마음을 잃어버린 후의 태도입니다. 돈이나 집에서 기르던 개를 잃어버린 경험이 있으실 겁니다. 저도 집에서 기르던 개를 한번 잃어버린 적이 있는데, 그 개를 찾기 위해 종일 온 동네를 헤매고 돌아다녔던 기억이 있습니다. 이처럼 우리는 돈을 잃어버리거나 개를 잃어버리면 한참을 애타게 찾아 헤매지요. 하지만 더 중요한 도덕적인 마음을 잃어버린 후에는 찾으려고 노력하지 않습니다. 슬픈 일이 아닐 수 없습니다. 그래서 맹자는 학문의 도는 다른 것이 아니라 놓아 버린(잃어버린) 마음을 찾는 것이라고 주장한 것입니다.

맹자는 공자가 강조했던 인(仁)과 함께 의(義)를 특히 강조합니다. 맹자가 살았던 전국시대의 혼란을 해결하기 위해서는 의로움이 강조될 필요가 있었기 때문입니다. 맹자는 의로운 일을 평소에 꾸준히 실천하는 집의(集義, 의로움을 모으다)를 통해 호연지기(浩然之氣)를 기를 것을 강조합니다. 호연지기란 크고 넓고 굳센 도덕적 기개를 의미합니다. 맹자는 호연지기를 갖춘 도덕적인 사람을 대인, 대장부라고 불렀습니다.

제가 보기에 맹자는 대장부였을 것으로 판단됩니다. 맹자가 양혜왕을 만나서 나눈 대화를 한번 들어보시죠.

양혜왕: 선생께서 천리를 멀다 하지 않고 와 주셨으니, 역 시 장차 내 나라에 이익이 있겠지요?

맹자: 왕께서는 하필 이익을 말씀하십니까? 역시 인의(仁義)가 있을 뿐입니다.[12]

자기보다 높은 사람이 말하면 자기 생각과 달라도 적당히 맞춰 주는 것이 일반적인 사람의 태도입니다. 하지만 맹자는 만나자 마자 이익을 운운하는 양혜왕에게 인의가 중요하다고 딱 잘라 대답합니다. 왕 앞에서도 자신이 옳다고 생각하는 것을 당당하게 말하는 맹자의 대장부다운 모습이 눈에 그려지지 않나요?

호연지기와 관련해 맹자가 제시한 재미있는 이야기가 있습니다. 송나라의 한 농부가 자신이 심은 벼의 싹이 다른 사람이 심은 벼의 싹보다 늦게 자라자 너무 답답한 나머지 벼의 싹을 위로 살짝 잡아당겨 길어 보이도록 만듭니다. 그 농부는 집에 돌아와 가족들에게 오늘 하루 종일 벼의 싹을 도와 빨리 자라도록(助長, 조장) 하느라 고생했다며 자랑합니다. 가족들이 깜짝 놀라 달려가 보니 벼의 싹은 모두 말라 죽어 있었습니다. 이 이야기는 호연지기라는 것이 속성으로 뚝딱 만들어지는 것이 아니라 차근차근 꾸준히 쌓아야만 하는 것임을 가르쳐 주고 있습니다. 이 이야기가 바로 '조장(助長)'이라는 말의 출처입니다. 흔히 '공포 분위기 조장하지 마'라며 '조장'이라는 말을 자주 쓰고는 하는데, 여기서 나온 말입니다.

앎이 삶이 되는 동양철학

맹자가 의를 강조하면서 든 유명한 비유를 하나 더 들겠습니다.

생선도 내가 원하는 것이고, 곰 발바닥 역시 내가
원하는 것이다. 두 가지 모두 얻는 것이 불가능하다면
생선을 버리고 곰 발바닥을 취할 것이다. 생명 역시
내가 원하는 것이고, 의로움 역시 내가 원하는 것이다.
두 가지 모두 얻는 것이 불가능하다면 생명을 버리고
의로움[義]을 취할 것이다.[13]

생명을 버리고 의로움을 취한다는 의미의 사자성어 '사생취의
(捨生取義)'는 맹자의 이 비유에서 유래한 말입니다. 생선과 곰 발바
닥은 모두 소중한 음식 재료로, 맹자가 보기에 두 가지 재료 모두
맛이 있지만 생선을 포기하고 곰 발바닥을 선택한 것은 중국에서
곰 발바닥이 구하기 힘들고 귀한 식재료이자 진미로 소문나 있었
기 때문입니다. 비유에 나타난 것처럼 생명도 의로움도 모두 소중
하지만 생명을 포기하고 의로움을 선택하겠다는 맹자의 주장은 의
로움이라는 것이 얼마나 중요한 가치를 지니는지를 잘 보여 줍니
다. 우리 역사 속에 등장하는 수많은 의병이나 안중근 의사, 윤봉길
의사 등과 같은 독립운동가들이 자신의 목숨에 연연하지 않고 의
리를 중시하는 모습을 보였던 것은 이러한 유학적 전통이 깊이 뿌
리 박혀 있기 때문일 것입니다.

백성과 군주, 누가 더 귀한 존재일까?

성선설을 대표하는 맹자와 달리 성악설을 주장했던 한비자는 인간을 상과 벌로 조종해야 한다고 주장하였습니다. 인간은 본래 이기적이고 간사하기 때문에 통치자가 정치를 하는 데 도덕적 방법이 아니라 상과 벌을 써야 한다고 본 것입니다. 이러한 한비자의 사상을 법가라고 합니다. 상과 벌로 사람을 통제하는 방식은 인간에 대한 불신을 전제로 깔고 있습니다. 물론 벌이 무서워 통치자의 말을 잘 따를 수는 있겠지만 그러한 타율적인 복종이 의미가 있을까요?

과거 학생 생활지도를 위해 교육계에 상벌점제도가 도입될 때 이러한 논란이 있었습니다. 저도 상벌점제도 도입에 반대했는데, 그 이유는 상벌점제도가 학생을 잠재적인 범죄자로 취급하는 것 같은 생각이 들었기 때문입니다. 생활지도는 상과 벌로 하는 것이 아니라 시간이 오래 걸리더라도 도덕적 교화로 하는 것이 교육적이라고 생각합니다. 이제 세월이 많이 흘러 이 상벌점제도도 거의 사라져가고 있습니다.

유가 철학자인 맹자는 인간의 본성을 신뢰하였으므로 덕으로 통치하는 왕도 정치를 강조합니다. 왕도 정치는 패도 정치와 대비되는 통치 방법입니다. 맹자는 이 두 가지를 다음과 같이 비교합니다. 즉, "힘으로써 인(仁)을 가장한 것은 패도이고, 덕으로써 인을 행하는 것은 왕도이다."**14**라고 정의합니다. 두 가지 방법 모두 사람을 복종하게 만들 수 있지만 그 이유는 완전히 다릅니다.

> 힘으로 사람을 복종시키는 것은 마음으로 복종하는 것이 아니라 힘이 넉넉하지 못하기 때문이다. 덕으로 사람을 복종하게 하는 것은 마음이 기뻐서 진실로 복종하는 것이니, 70제자들이 공자에게 복종하는 것과 같은 것이다.**15**

통치자는 힘으로 백성들을 복종시킬 수도 있고 덕으로 복종시킬 수도 있겠지요. 그러나 백성의 입장에서 보면 패도에 복종하는 것은 힘이 약하기 때문에 마지못해 복종하는 것이고, 왕도에 복종하는 것은 마음에서 우러나 기쁜 마음으로 복종하는 것입니다. 따라서 백성을 믿고 사랑하는 마음이 있다면 당연히 왕도 정치를 펴야 할 것입니다.

이러한 왕도 정치사상은 백성을 중시하는 민본주의 사상에 기초하고 있습니다. 민본주의란 백성을 나라의 근본으로 삼아야 한다는 사상입니다. 공자에게서도 민본주의 사상이 나타나지만 맹자에서는 더 확연히 드러납니다. 먼저 공자의 정치사상에 나타난 민본주의 사상 중 재미있는 이야기를 하나 소개하겠습니다.

제자: 정치란 무엇입니까?

공자: 먹을 것을 풍족하게 하고 병기를 풍족하게 하면 백
　　　성들이 신뢰할 것이다.

제자: 부득이하게 반드시 버려야 한다면, 이 세 가지(식량,
　　　병기, 백성의 신뢰) 중에서 무엇이 먼저입니까?

공자: 병기를 버릴 것이다.

제자: 부득이하게 반드시 버려야 한다면, 이 두 가지 중에
　　　서 무엇이 먼저입니까?

공자: 먹을 것을 버릴 것이다. 예로부터 내려오기를, 모두
　　　가 다 죽음은 있지만(전쟁으로 죽을 수도 있고, 식
　　　량이 없어 죽을 수도 있지만) 백성들의 신뢰가 없으
　　　면 (나라가) 설 수 없다.[16]

공자는 정치에서 먹고살 식량, 전쟁 준비를 위한 군사나 병기, 백성들의 신뢰 세 가지가 중요하다고 주장합니다. 하지만 그 세 가지 중에서 가장 중요한 것으로 백성들의 신뢰를 꼽고 있습니다. 이처럼 유학자들은 기본적으로 나라가 바로 서기 위해서는 백성의 뜻, 즉 민의(民意)를 따라야 한다고 봅니다. 공자의 사상을 계승한 맹자는 다음과 같이 더 강력한 민본주의를 주장합니다.

백성이 귀중하고, 국가[사직(社稷)]는 그다음이며,
군주는 가벼운 존재이다.[17]

　　　　　　　　　　　　　　앎이 삶이 되는 동양철학

맹자는 군주보다도 백성이 더 귀한 존재라고 주장하면서 백성의 뜻에 따르는 정치를 하는 것이 바람직하다고 주장합니다. 민본주의에 근거한 맹자의 유명한 주장을 하나 더 소개하고자 합니다.

> 항산(일정한 생업)이 없어도 항심(일정한 도덕적인 마음)을 지니는 것은 오직 선비만 가능하다. 만약 백성에게 항산이 없으면 항심을 가질 수 없다. 진실로 항심이 없다면 방탕하고, 편벽해지며, 사악하고 사치스럽게 되어 못 하는 짓이 없게 된다. 범죄에 빠지게 만들어 놓고 후에 형벌을 가한다면 이것은 백성들을 그물질하는 것이다. 어찌 인(仁)한 사람이 임금의 자리에 있으면서 백성을 그물질할 수 있겠는가? 이런 까닭으로, 현명한 임금은 백성의 재산을 잘 통제하여 반드시 위로는 부모를 섬기기에 충분하게 하고, 아래로는 처자를 넉넉하게 기를 수 있게 하여 풍년에는 종신토록 배부르게 하고 흉년에도 사망을 면하게 한다. 이렇게 한 후에 선한 일을 하도록 이끌기 때문에 백성들이 따르기가 쉬운 것이다.[18]

백성들은 항산이 없으면 항심을 지닐 수 없다는 이 이야기는 통치자가 어떤 마음가짐을 지녀야 하는지를 잘 보여 줍니다. 백성을 진심으로 아끼고 사랑하는 통치자라면, 백성들에게 무조건 선한 행동을 해야 한다고 강요하는 것이 아니라 먼저 선한 행동을 할 수 있는 경제적 기반을 마련해 주려고 노력해야 합니다.

우리는 가끔 생계형 범죄와 관련된 안타까운 소식을 듣곤 합니다. 어떤 가장이 직장을 구하려고 해도 취업이 되지 않고, 집이 너무나 가난하여 어린 아기에게 줄 분유를 살 돈도 없다고 가정해 봅시다. 배고파 울고 있는 아기를 위해 만약 분유를 훔쳤다면, 어떻게 해야 할까요? 분유를 훔친 것이 옳은 일이라고는 할 수 없겠지만 온전히 가난한 가장에게 모든 잘못의 책임을 물을 수 있을까요? 국가는 이 가장을 엄벌에 처하는 것이 맞을까요? 어쩌면 같은 사회를 살아가는 우리들에게도 잘못이 있을 수 있고, 정치를 제대로 하지 못한 정치인들과 국가의 잘못일 수도 있지 않을까요? 이런 이유로 맹자는 정치를 하는 통치자라면 먼저 백성들의 생계부터 보장해 주고 선한 일을 하도록 이끌어야 한다고 주장한 것입니다.

맹자의 흥미로운 일화가 또 하나 있습니다. 제나라의 선왕이 맹자에게 고민을 상담합니다. 제나라 선왕은 이렇게 말하죠. "옛날 문왕(성인[19]으로 존경받는 왕)은 사방 칠십 리나 되는 매우 넓은 동산을 가지고 있었음에도 불구하고 백성들이 좁다고 생각했다고 들었는데, 왜 내 동산은 사십 리밖에 안 되는데도 백성들이 넓다고 생각하는 이유는 무엇 때문인가요?" 맹자가 뭐라고 대답했을까요? "옛날 문왕은 그 동산을 백성과 함께 사용하면서 백성이 풀과 나무도 베고 꿩과 토끼도 잡을 수 있도록 하였지만, 선왕 당신은 백성의 사용을 금지하고 백성이 사용하면 엄벌에 처하기 때문에 동산이 나라 가운데 함정이 된 것이니 백성이 그것을 크다고 여기는 것이 당연하지 않겠습니까?"라고 대답합니다.[20]

맹자의 유명한 말이 떠오르는 대목입니다. 맹자는 "백성보다 높은 사람이 되어서 백성과 함께 즐거워하지[여민동락] 못하는 것은 잘못이다."[21]라고 주장합니다. 여기서 바로 그 유명한 '여민동락(與民同樂)'이라는 말이 나왔습니다. 우리는 누구보다 조금이라도 높은 사람이 된다면, 예컨대 반장이 되거나, 팀장이 되거나, 부장이 된다면 나보다 지위가 낮은 사람을 위해 무엇을 해야 할까요? 그들의 리더가 되기 위해서 무엇을 할 줄 알아야 할까요? 맹자에게 고민을 상담한다면 맹자는 아마도 "그 사람의 즐거움을 함께 즐거워하고, 그들의 근심을 함께 걱정해야 한다."라고 답해 줄 것입니다.

대통령, 국회위원 등과 같이 국민을 대표하는 정치인은 여민동락을 할 줄 알아야 한다고 생각합니다. 제가 선거철에 잘 관찰해보면 국민들이 겪고 있는 고통을 함께 괴로워하고, 백성들의 기쁨을 함께 즐거워해 주는 사람이나 정당이 선거에서 승리하는 것 같습니다. 국민들이 고통을 공감하지 못하거나, 국민들이 슬퍼하는 일에 막말을 하는 등 국민들의 마음을 헤아리지 못하는 사람은 대부분 낙선하는 경향이 있습니다. 우리가 모두 정치를 할 것은 아니지만, 작은 수의 사람을 대표할 일이 있을 때라도 좋은 지도자가 되기 위해서는 맹자의 이 교훈을 잊지 말아야 합니다.

맹자가 대단한 철학자라는 생각이 드는 구절이 있습니다. 제선왕이 맹자에게 유가의 성인으로 추앙받는 탕이 신하의 신분으로 폭군이었던 걸왕을 몰아냈고 마찬가지로 유가의 성인인 무는 신하였지만 폭군이었던 주왕을 정벌한 역사적 기록을 근거로, 신하가 왕을 시해해도 되냐고 질문을 합니다. 맹자는 이 질문을 받고 매우 당황스러웠을 것입니다. 성인으로 인정받는 탕과 무가 잘못을 저질렀다고 함부로 말할 수도 없고, 그렇다고 유가 사상가로서 신하가 왕을 죽여도 된다고 주장할 수도 없는 딜레마 상황이었기 때문이죠. 맹자가 이 어려운 질문에서 어떻게 빠져나갔을까요?

> 인을 해치는 사람을 적(賊)이라 부르고, 의를 해치는 사람을 잔(殘)이라 부른다. 잔적(殘賊)한 사람은 일개 사내라고 부르니, 일개 사내인 주(폭군)를 처형했다는 말은 들었지만 임금을 죽였다는 말은 듣지 못했다.[22]

맹자는 이 곤란한 질문을 "폭군은 이미 왕이 아니라 일개 사내에 불과하다."라고 규정하면서 빠져나갑니다. 다시 말해, 신하가 왕을 죽인 것이 아니라 도둑놈을 처형한 정도의 일이 있었던 것으로 교묘하게 처리하며 난처한 질문에 현명하게 답을 합니다. 맹자의 지혜에 놀랄 수밖에 없는 대목입니다. 여기서 우리는 공자의 정명 사상을 맹자가 계승했다는 것을 알 수 있습니다. 공자가 임금은 임

앎이 삶이 되는 동양철학

금다워야 한다고 주장했던 것을 이어받아, 맹자는 임금답지 않은 임금은 이미 왕이 아니라 일개 사내라고 주장한 것입니다.

이처럼 맹자는 폭군의 경우와 같이 군주가 군주답지 않다면 교체할 수 있다고 보았습니다. 이러한 맹자의 사상을 '민본주의 혁명 사상' 또는 지금까지 이어져 왔던 군주의 성(姓)이 바뀌는 혁명이라는 의미로 '역성혁명 사상'이라고 부릅니다. 맹자는 백성의 뜻을 거스르거나 덕으로 백성을 통치하지 않는 임금은 임금으로 인정하지 않았습니다. 맹자는 철저하게 군주보다 백성을 귀하게 여겼던 것입니다.

맹자의 민본주의 혁명 사상은 근대 영국의 철학자 로크(John Locke, 1632~1704)의 저항권을 떠올리게 합니다. 사회계약설을 주장했던 로크는 시민들이 자신의 생명권, 자유권, 재산권과 같은 자연권을 안정적으로 보장받기 위해 계약을 통해 국가를 만든다고 주장했습니다. 그러나 이렇게 탄생한 정부가 국민의 생명권, 자유권, 재산권을 오히려 침해한다면 국민은 저항권을 발휘할 수 있습니다. 로크와 맹자의 생각은 국가가 국민들을 존중해야 함을 강조했다는 점에서 본질적으로 맞닿아 있습니다. 고대 철학자인 맹자가 시대를 앞서가는 혁신적인 사고를 했다는 점은 매우 놀랐습니다.

우리는 민주주의의 시대를 살고 있고 민주주의의 확립을 위해 노력하고 있습니다. 모든 정치 형태 중 서양의 민주주의가 최고인 것처럼 생각되는 세상이지요. 현대 민주주의 사회에서는 도덕적 선과 이익 중에 무엇이 우선시되고 있다고 생각합니까? 서양 고대 철학자 플라톤은 민주주의를 어리석은 백성들이 정치를 하는 중우 정치의 위험성이 있다고 보아 비판하였습니다. 그는 선의 이데아, 즉 선의 본질이 무엇인지 깨달은 철학자가 통치하는 철인 통치를 이상적인 정치 형태로 제시했습니다. 이는 동양에서 최고의 도덕성 을 갖춘 성인의 통치를 이상적이라고 생각하는 것과 비슷합니다.

민주주의와 민본주의 중 어떤 정치사상이 더 좋은 사상일까요? 민주주의의 최대 장점은 우리가 직접 정치에 참여할 수 있다는 것 이고, 민본주의의 최대 약점은 국민들의 정치 참여가 활발하지 못 하다는 것입니다. 우리는 민주주의의 장점을 살려 투표에 참여하 고, 우리의 손으로 국민의 대표를 뽑습니다. 하지만 뽑아 놓고 얼마 되지 않아 뽑아 놓은 사람의 정치 행태를 보며 얼굴을 붉힙니다. 선거철에는 그렇게 유권자들을 만나기 위해 노력하다가 선거철만 지나면 얼굴 한번 보기 힘든 정치인도 많이 있습니다.

우리는 우리 손으로 직접 뽑은 정치인을 보며 칭찬보다는 욕을 하고, 기대하기보다 실망하며, 부정부패를 저지르지 않나 감시해야 하는 모순적인 시대를 살고 있습니다. 왜 이런 일이 생겼을까요? 정치인 탓만 하지 말고, 우리가 후보자를 보면서 투표할 때 도덕적 선과 이익 중 어떤 것을 기준으로 투표를 했는지 먼저 반성해 보아 야 합니다. 자기를 진정으로 낮추면서 백성을 사랑하고, 백성의 생 계를 살피고, 백성을 선한 덕으로 인도하고, 백성과 함께 기뻐하고 슬퍼하는 그러한 정치 지도자, 따뜻한 왕도 정치를 펼치는 그런 성인을 그리워하는 것은 동양의 전통인 민본주의에 대한 향수 때문만은 아닐 것입니다. 과연 민주주의와 민본주의, 어떤 정치사상이 더 좋은 사상일까요?

사회적 분업은 필요한가?

사회가 복잡해지면서 분업은 당연한 것으로 인정되고 있습니다. 고대에 맹자도 각자가 맡은 직분과 역할을 충실히 수행하는 사회적 분업이 꼭 필요하다고 보았습니다. 맹자의 이야기를 직접 들어 보시죠.

> 천하를 다스리면서 혼자 밭을 가는 것도 할 수 있는가? 대인의 일이 있고, 소인의 일이 있다. 한 사람의 몸은 온갖 장인이 만든 것을 갖추고자 한다. 만약 반드시 스스로 만든 후에 사용해야 한다면 이것은 천하를 인솔하며 길을 가는 것이다(매우 어려운 일이다). 그러므로 혹은 힘을 수고롭게 하고, 혹은 마음을 수고롭게 한다. 마음을 수고롭게 하는 자는 남을 다스리고, 힘을 수고롭게 하는 자는 남에게 다스림을 받는다. 남에게 다스림을 받는 자는 남을 먹이고, 남을 다스리는 자는 남에게서 (얻어서) 먹는 것이 천하에 통하는 바른 도리이다.[23]

맹자는 통치자가 농사까지 지을 수는 없다고 말하며 각자가 할 일이 정해져 있다고 주장합니다. 다양한 직업들 사이에는 상호보완적 관계가 성립하기 때문에 인간이 무인도에 혼자 사는 경우가 아니라면 기본적인 생활을 하는 데 필요한 것을 자급자족하면서 살수는 없겠지요. 신발, 옷, 주택, 쌀, 등 우리가 거의 매일 쓰고 먹는 것들을 모두 자기가 직접 생산해 쓸 수는 없는 노릇입니다. 맹자는 노동을 크게 두 가지로 분류합니다. 통치자와 같이 마음을 수고롭게 하는 정신노동이 있고, 일반 백성과 같이 힘을 쓰는 육체노동이 있다는 것입니다. 그리고 통치자가 나라를 다스리느라 고생했다면 육체노동을 하는 사람이 통치자를 먹여 살리는 것은 당연하다고 보았습니다.

사실 이러한 생각은 동양에만 있는 생각이 결코 아닙니다. 서양 고대 철학자 플라톤도 이상 국가에 대해 이야기하면서 생산자 계급의 사람이 수호자(방위자)와 통치자 계급이 살아갈 수 있도록 생산한 물건들을 공급해 주어야 한다고 주장했습니다. 이러한 분업은 혼자서 삶에 필요한 모든 물건을 만드는 것이 비효율적이며 거의 불가능하다는 점을 고려할 때 매우 합리적인 방안이라 할 수 있습니다. 서로가 사회에서 맡은 일을 성실히 수행할 때 오히려 우리 사회는 더 잘 유지될 수 있으니까요.

맹자가 '대인이 할 일'과 '소인이 할 일'을 구분했다는 말은 어떻게 해석하는 것이 좋을까요? 맹자가 신분 차별을 조장했다고 말할

앎이 삶이 되는 동양철학

수 있을까요? 이 의문을 풀기 위해 제자인 공도자(公都子)의 물음에 맹자가 대답한 대인과 소인의 구분에 대해 살펴보겠습니다.

제자 : 똑같은 사람인데, 어떤 사람은 대인이 되고, 어떤 사람은 소인이 되는 것은 무엇 때문입니까?

맹자 : 대체[大體, 큰 몸(마음)]를 따르면 대인이 되고, 소체 [小體, 작은 몸]를 따르면 소인이 된다.

제자 : 똑같은 사람인데 어떤 사람은 대체를 따르고, 어떤 사람은 소체를 따르는 것은 무엇 때문입니까?

맹자 : 귀, 눈 같은 기관은 생각하지 못해서 사물에 가려진 다. 사물(귀, 눈)이 사물과 교류하면 그것에 끌려갈 (유혹당할) 뿐이다. 마음이라는 기관은 생각을 하고, 생각을 하면 얻고 생각하지 않으면 얻지 못한다. 이 것(귀와 눈, 마음)은 하늘이 나에게 준 것인데, 먼저 큰 것(마음)을 확립하면 작은 것(눈, 귀)이 빼앗지 못한다. 이것이 대인이 되는 것이다.[24]

맹자는 귀와 눈처럼 생각하지 못하는 감각기관을 소체(작은 몸) 로 규정했으며, 심지어 사물[物]이라고 표현합니다. 인간이 소체를 따르면 육체적 욕구의 유혹에 빠져 사는 욕망의 노예로 살 뿐입니 다. 반면에 맹자는 마음을 대체(큰 몸)라고 하면서 마음은 생각할 수 있는 능력이 있기 때문에 생각하면서 살아간다면 도리를 체득

할 수 있다고 주장합니다. 결국 소인은 육체적 욕구에 따라 사는 사람이라면 대인은 하늘이 준 도덕적인 마음에 따라 생각하며 사는 사람입니다.

이처럼 맹자가 제시한 대인과 소인의 구분은 신분 계급이 기준이 아니라 도덕적인 마음을 따르는지 육체적 욕구를 따르는지를 기준으로 구분한 것입니다. 그렇다면 나라를 다스리는 통치자는 대인이 해야 할까요, 소인이 해야 할까요? 통치자의 결정은 나라 전체에게 막대한 영향을 미치게 되므로 도덕적인 마음을 확립한 사람이 통치자의 역할을 맡아야 하는 것은 당연한 주장이라고 생각합니다. 서양 철학자 플라톤도 통치자는 선의 이데아를 깨달은 철학자가 맡아야 한다고 주장했는데, 둘의 주장이 일맥상통하는 것은 그저 우연만은 아니겠지요. 도덕성이 높은 사람이 통치자가 되는 그런 세상을 함께 만들면 좋겠습니다.

🦋 공자·맹자의 동양철학이냐, 서양철학이냐?

한국에서 철학을 한다고 하면 주로 서양철학을 공부한다는 의미로 통용되곤 합니다. 우리는 동양 사람인데 어쩌다 동양철학이 지닌 매력을 느끼지 못하게 되었는지 아쉬운 대목입니다. 동양철학은 사고의 과정을 냉철한 태도로 논리적이고 분석적으로 보여 주려고 노력하기보다는 마음에서 깨달은 바를 비유나 예시를 통해 전달해 주는 은은하고 깊은 맛이 있습니다. 사실 깊은 깨달음을 언어를 사용해 논리적으로 전달하면 그 의미가 제대로 전달되지 못합니다. 왜냐하면 우리가 사용하는 말과 언어로는 우리의 마음을 표현하는 데 한계가 있기 때문입니다.

반면 서양철학은 수학처럼 논리적이고 분석적이기 때문에 그 사고 과정을 따라가며 이해하는 과정 자체가 어렵지만 흥미롭습니다. 게다가 다른 철학자의 사상을 조목조목 비판하며 자신만의 새로운 철학을 펼쳐 간다는 장점이 있습니다. 사실 우리도 물질적인 측면뿐만 아니라 정신적인 측면까지 서구화되어 가는 과정에 있다고 할 수 있지요. 여기서는 동양적인 사고방식이 잘 드러나는 공자와 맹자의 주장을 함께 읽어 보고자 합니다.

먼저 초나라 관리인 섭공이 공자에게 말을 겁니다.

> 섭공: 우리 마을에는 몸을 정직하게 행동하는 자가 있었는데, 그의 아버지가 양을 훔친 것을 아들이 증언하였습니다.
>
> 공자: 우리 고을의 정직한 자는 이와는 다릅니다. 아버지는 자식을 위하여 숨겨 주고 자식은 아버지를 위하여 숨겨 주는데, 정직은 그 안에 있는 것입니다.[25]

공자는 부모나 자식이 잘못을 저질렀을 때 고발하라고 주장하지 않고 서로 숨겨 주는 것이 정직한 것이라고 말합니다. 아마 서양의 대표적인 철학자 칸트라면 냉철한 이성을 바탕으로 부자 사이라고 할지라도 당연히 고발하는 것이 옳다고 주장했을 것입니다. 칸트는 도덕법칙은 누구나 이성적으로 옳다고 판단할 수 있는 보편타당성을 지녀야 한다고 주장한 철학자입니다. 그럼 맹자의 주장도 한번 들어 보시죠. 맹자의 제자 도응(桃應)이 맹자에게 묻습니다.

제자: 순(유가의 대표적인 성인)이 천자(임금)이고, 고요 (순 임금의 신하로 법을 세움)가 법관일 때, 고수(순 임금의 아버지)가 사람을 죽였다면 어떻게 했을까요?

맹자: 고요는 그를 잡으려 했을 것이다.

제자: 그렇다면 순은 그를 막지 않겠습니까?

맹자: 어찌 그것을 막을 수 있겠느냐? 무릇 전수받은 법이 있다.

제자: 그렇다면 순은 어떻게 했을까요?

맹자: 천하를 버리는 것을 마치 헌 짚신짝 버리는 것같이 하고, 몰래 (아버지를) 업고 도망쳐서 바닷가에 살면서 죽을 때까지 기뻐하고 즐거워하며 천하를 잊을 것이다.[26]

유가에서는 순 임금을 진정한 효를 실천한 성인으로 추앙합니

앎이 삶이 되는 동양철학

다. 순의 아버지인 고수는 훌륭한 인품을 지닌 사람이 아니었습니다. 고수는 순의 친모가 죽자 다시 아내를 맞이하고 계모와의 사이에서 아들 상(象)을 낳았습니다. 고수는 상만을 편애하고 순은 미워했기 때문에 계속해서 순을 죽이려고 하였습니다. 예컨대 고수는 순에게 창고 위에 올라가 일을 하라고 시킨 후에 아래에서 불을 질러 죽이려 하였으나, 순이 두 개의 삿갓을 들고 뛰어내려 목숨을 건집니다. 이와 같은 악행에도 불구하고 순은 아버지, 계모에게 효를 실천한 것으로 유명합니다.

맹자는 순이 임금의 지위에 있으므로 자신의 권력을 이용해 편법으로 아버지를 구해 줄 수도 있었을 텐데, 그렇게 행동하지 않을 것이라고 합니다. 임금 자리를 헌신짝처럼 버리고 아버지를 모시고 도망쳐 행복하게 살 것이라고 대답합니다. 공자나 맹자나 모두 현대적 시각에서 볼 때 공정한 모습을 보여 주지 못했습니다. 이러한 행동이 이해가 되나요? 고전은 해석하기 나름이고 분명 비판받아 마땅한 부분도 있습니다. 공자와 맹자의 주장이 정말 공정한지 함께 토론하면 갑론을박으로 끝이 없을 것 같습니다. 하지만 왜 공자와 맹자가 그렇게 주장했는지 비판만 하지 말고 변호도 할 수 있다면 좋겠습니다.

유학자들은 가족주의에 기초해 가족 간의 윤리를 사회로 확장해 나가야 한다고 생각했습니다. 가장 가까운 사이인 가족 관계도 잘 유지하지 못하면서 사회적 관계를 똑바로 맺고 살아가는 것이

가능할까요? 부자, 부부, 형제자매와 같은 가족 관계는 인간관계의 근본이라 할 수 있습니다. 가족 관계를 통해 우리는 사회적 관계에서 필요한 도리와 덕을 배우게 되는 것이죠. 따라서 근본부터 흔들리면 가족이 확대된 사회와 국가 또한 유지될 수 없을 것입니다.

요즘 뉴스를 시청하다 보면, 보험금이나 유산을 받기 위해 부모를 살해하거나 부모님이 살고 계신 집에 화재를 내는 사건들을 종종 보게 됩니다. 남도 아니고, 자신의 뿌리이자 근본이며 자신을 낳아서 헌신적으로 길러 준 부모조차 제대로 섬기지 못하는 사람이 사회에 나가서 누군가와 정상적인 관계를 맺고, 자신의 사회적 역할을 다하는 것이 가능할까요? 부모에게 효의 덕을 실천하지 못하는 사람이 과연 사회에 나가 타인에게 배려의 덕을 베풀 수 있을까요? 불가능하다고 생각합니다.

유가 사상에 대해 오해하지 말아야 할 것이 있습니다. 유가 사상가들은 자녀에게 무조건적으로 효도를 강요하는 권위주의자가 아니라는 점입니다. 유가에서 강조하는 '부자자효(父慈子孝)'라는 말이 있습니다. 부자자효란 부모는 자녀에게 자애를 베풀고, 자녀는 부모에게 효를 실천해야 한다는 뜻입니다. 즉, 자식만 효를 실천하라고 주장하는 것이 아니라 부모도 자애를 베풀어야 한다는 것입니다. 이처럼 유학은 아랫사람에게 일방적으로 덕의 실천을 강요한 것이 아니라 호혜적인 관계 속에서 서로 존중하며 덕을 실천해야 올바른 인간관계가 유지된다고 보았습니다.

앎이 삶이 되는 동양철학

유가 사상가들은 관계를 중시한 공동체주의자들이라고 할 수 있습니다. 하지만 오늘날의 사회 풍토는 관계보다는 개인의 권리와 자유가 중시되는 개인주의, 자유주의가 확산되고 있습니다. 여기저기서 공동체적 관계가 끊어지다 보니 이웃사촌이라는 말은 옛말이 되고, 힘들 때 의지할 사람도 없이 각박하게 살아가고 있습니다. 개인의 자유와 권리를 중시하는 개인주의의 장점도 인정해야 하겠지만 인간관계와 덕을 중시하는 공동체주의의 장점도 잃어버려서는 안 된다고 생각합니다. 자신의 권리는 소중하게 생각하면서도 공동체에 대한 책임감은 없다면 사회는 유지될 수 없습니다.

코로나 19가 유행일 때 자가 격리 대상자들에게 전자 팔찌를 채워야 하는지가 사회적 이슈가 된 적이 있습니다. 왜냐하면 자가에 격리되어 있어야 할 대상자들이 이를 어기고 밖을 돌아다니는 일이 속출하면서 그대로 두면 시민들의 생명과 안전이 위협당하고, 이를 막기 위해 전자 팔찌를 채우면 인권 침해 문제가 발생하기 때문이었습니다. 공동체의 안전과 인권 중 무엇이 먼저 일까요? 공동선과 개인선 중 무엇이 더 중요할까요? 공동체에 대한 책임과 개인의 권리 중 무엇을 더 우선해야 할까요?

공동체주의에서는 개인보다는 공동체를 중시하기 때문에 공동선을 지킬 수 있도록 전자 팔찌를 채워야 한다고 주장했을 것입니다. 물론 개인주의(자유주의)에서는 공동체는 개인의 자유와 권리를 보장하기 위한 수단에 불과하기 때문에 개인의 인권을 더 우선

시해야 한다고 주장할 것입니다. 물론 이러한 문제에 정답은 없습니다. 하지만 개인의 권리뿐만 아니라 공동선도 지킬 수 있는 방안을 찾으려는 노력을 포기해서는 안 됩니다. 왜냐하면 살기 좋고 따뜻한 사회를 만들기 위해서는 개인의 권리를 보장하는 것도 중요하지만 공동체적 관계 유지도 중요하기 때문입니다.

맹자 철학에 대한 이야기를 마치면서, 맹자가 제시한 '군자의 세 가지 즐거움'이란 뜻의 '군자삼락(君子三樂)'에 대해 소개하고자 합니다.

> 군자에게는 세 가지 즐거움이 있는데, 천하의 왕 노릇하는 것은 해당되지 않는다. 아버지와 어머니가 모두 살아 계시고 형제가 무고(탈 없이 잘 있음)한 것이 첫 번째 즐거움이다. 하늘을 우러러 부끄럽지 않고 고개를 숙여(아래로는) 다른 사람에게 부끄럽지 않은 것이 두 번째 즐거움이다. 천하의 영재를 얻어 그를 교육하는 것이 세 번째 즐거움이다.[27]

행복이란 무엇일까요? 왕처럼 부, 쾌락, 권력을 누리는 것은 진정한 행복이 아닙니다. 일단은 가장 가까운 가족들이 탈 없이 잘 지내야 마음이 편안하겠지요. 그리고 도덕적으로 당당해서 자존감과 양심에 전혀 상처가 없을 때, 즉 언제나 떳떳할 수 있을 때 얼마나 행복할까요? 마지막으로 영재를 얻어서 직접 교육할 수 있다면 얼마나 보람이 클까요? 여러분도 군자삼락을 이루어 행복한 삶을 살아 보세요.

제3장

순 자

순자(荀子)

중국 전국시대의 유교 사상가(기원전 298~238년)로 조(趙)나라에서 태어났다. 이름은 황(況)이며, 자는 경(卿)이다. 제(齊)나라의 직하(稷下)에서 오랫동안 학문을 연구하였으며, 초(楚)나라로 건너가 지방 수령을 지내기도 하였다. 공자의 사상을 계승하였으며 성악설과 예치(禮治)를 주장하였다. 『순자(荀子)』에는 그의 사상이 잘 나타나 있다.

제3장
순자

 인간은 본래 이기적인가?

순자(荀子, 기원전 298~238년)는 공자의 사상을 계승한 유가 사상가로 이름은 황(況)입니다. 순자는 전국시대 말, 맹자가 활동했던 시기보다도 조금 더 늦은 시기에 활동하였습니다. 순자는 맹자의 성선설에 반대해 성악설을 주장한 사상가이자, 고대 사상가 중에는 가장 현대적인 사고방식을 갖춘 사상가라고 할 수 있습니다. 유가 사상가 중에서 매우 독특한 사상을 주장했기 때문에 유가의 이단아로 불리기도 합니다. 이로 인해 많은 사람이 순자가 유가에 속하는 철학자라는 것조차 모르는 경우도 많이 있습니다.

순자의 제자 중 한비자라는 사상가가 있었는데, 한비자(韓非子)는 법가 사상을 집대성한 유명한 학자입니다. 춘추전국시대의 막을 내리고 중국을 통일한 진시황은 통일을 진행하는 과정에서 한비자의 글을 보고 반해서 그를 간절히 만나고 싶어 했습니다. 진시황이 한비자를 등용하기 위해 그가 살고 있던 한(韓)나라를 공격했다는 유명한 이야기가 전해져 오고 있습니다. 그런데 진시황의 신하 중에는 순자 밑에서 한비자와 함께 공부했던 이사(李斯)라는 사람이 있었습니다. 이사는 자신보다 똑똑한 한비자가 등용되면 자신의 정치적 입지가 약해질 것을 염려하였습니다. 그래서 그는 결국 동문수학했던 한비자를 모함에 빠뜨려 죽게 만듭니다.

순자에게 함께 배운 제자들 사이에 질투와 모함을 보면 순자가 왜 성악설을 주장했는지 조금은 알 것 같기도 합니다. 물론 순자는 도덕적으로 살아야 한다고 가르쳤습니다. 여러분은 맹자처럼 인간의 타고난 본성이 선하다고 생각하시나요, 순자처럼 악하다고 생각하시나요, 아니면 고자처럼 선도 악도 아니라고 생각하시나요? 이 질문을 받은 대부분의 사람은 평소에 진지하게 고민해 본 주제가 아니기 때문에 합리적인 근거를 대지 못하고 최근에 대인 관계가 좋으면 '선하다', 최근에 친구들이랑 싸웠거나 실망한 것이 있다면 '악하다'라고 대답하는 경향이 있더군요. 그럼 순자의 성악설을 살펴보기 전에 순자가 본성과 인위를 구분한 구절부터 먼저 보겠습니다.

> 무릇 본성[性]이란 선천적으로 얻은 것으로 배워서
> 된 것도 아니고, 노력해서 된 것도 아니다. 예의(禮義)

앎이 삶이 되는 동양철학

란 성인(聖人)이 만든 것으로 인간이 배워서 할 수 있는 것이고 노력해서 이룰 수 있는 것이다. 배우지도 않고 노력하지도 않아도 인간에게 있는 것을 본성이라 하고, 배워서 할 수 있고 노력해서 성취함으로써 인간에게 있는 것을 인위[僞]라고 한다. 이것이 본성과 인위의 구분이다.[1]

순자는 본성과 인위의 구분, 즉 성위지분(性僞之分)을 강조합니다. 우리가 도덕적으로 행동하는 사람을 보면서 '역시 인간의 본성은 선하구나'라고 생각한다면 그것은 순자가 보기에 매우 어리석은 착각입니다. 순자에 따르면 모든 선은 인위적인 노력을 통해 이루어진 것이지 결코 본성 자체가 선한 것은 아니기 때문입니다. 순자는 실제로 맹자의 성선설을 비판하면서, 맹자가 인간의 본성과 인위를 구분해 살피지 못했다고 혹평합니다. 이 말은 맹자가 인간의 선한 측면을 보고 본성이 선하다고 판단했지만, 그 선함은 본성에서 나온 것이 아니라 후천적 노력으로 인해 나타난 결과라는 것입니다. 맹자는 누구나 하늘로부터 인의예지를 부여받았다고 주장하지만, 순자는 예의(禮義)가 타고난 본성이 아니라고 비유를 통해 설명합니다.

무릇 도공은 찰흙을 반죽하여 기와를 만드니, 그렇

다면 찰흙 기와가 어찌 도공의 본성일 수 있겠는가? 공인이 나무를 깎아 그릇을 만드니, 그렇다면 나무 그릇이 어찌 공인의 본성일 수 있겠는가? … 그렇다면 예의와 인위를 쌓는 것이 어찌 인간의 본성일 수 있겠는가?[2]

순자는 예의가 본성이 아니며 인위를 실천해 생겼다고 주장합니다. 이를 설득하기 위해 도공과 공인이 만든 기와와 그릇은 도공과 목수의 인위적 노력을 통해서 나온 것이지 도공과 공인의 본성에서 나온 것이 아니라고 예를 듭니다. 이처럼 순자는 본성과 인위를 철저히 구분해야 함을 강조합니다. 따라서 순자는 "인간의 본성은 악하다. 그 선한 것은 인위(적 노력의 결과)이다."[3]라고 여러 번 반복해서 강조합니다. 순자는 인간 본성은 악하다는 것을 다음과 같이 설명합니다.

지금 사람의 본성은 배가 고프면 배부르기를 욕구하고, 추우면 따뜻하기를 욕구하며, 일을 하면 휴식하기를 욕구한다. 이것이 인간의 본성과 감정[성정(性情)]이다.[4]

지금 사람의 본성은 태어나면서부터 이익을 좋아한다. 이것을 따르기 때문에 쟁탈(싸우고 빼앗음)이 생

앎이 삶이 되는 동양철학

기고 사양함은 사라진다. 태어나면서부터 시기하고 미워하는 마음이 있다. 이것을 따르기 때문에 손해를 입히고 해치는 일이 생겨나고 충성과 믿음이 사라진다. 태어나면서부터 귀와 눈은 좋은 소리와 색깔을 욕구한다. 이것을 따르기 때문에 음란이 생기고 예의(禮義)의 형식과 조리가 사라진다. 그러므로 인간의 본성을 따르고 인간의 정(情)을 따르면 반드시 쟁탈하는 데로 나아가고 질서와 이치를 해치기에 부합해져 포악함으로 돌아간다.[5]

굳이 순자의 주장이 아니더라도, 우리 인간은 배고프면 먹고 싶고, 추우면 따뜻해지고 싶고, 힘들면 쉬고 싶어 합니다. 또 인간은 이익을 좋아하고, 좋은 소리를 듣고자 하며, 눈에 보기 좋은 예쁘고 멋진 사람과 사물을 원합니다. 이러한 자연적인 특성들을 근거로 인간의 타고난 본성이 악하다고 단정할 수 있을까요? 식욕과 성욕 같은 생리적 욕구를 본성으로 파악해 성무선악설을 주장했던 고자의 생각과도 크게 달라 보이지 않기도 합니다.

모든 인간이 순자가 주장한 이기적 성향을 지니고 있다는 전제 하에서 냉정하게 생각해 봅시다. 먼저 재화가 인간의 욕구를 모두 충족해 줄 수 있을 만큼 풍족하지 않다는 순자의 주장은 틀리지 않습니다. 대통령, 국회의원과 같은 높은 자리, 석유와 다이아몬드

같은 지하자원, 고급스러운 식재료 등 인간이 좋아하는 재화가 부족한 것은 부정할 수 없는 현실입니다. 이러한 상황에서 모두가 똑같이 더 좋은 것을 원한다면 결국 서로 다투고 빼앗는 쟁탈전이 발생할 것입니다.

가끔 영화에도 나오지만 초특가 세일 상품이 마트에 진열되는 순간 사람들이 서로 사겠다고 밀치고 싸우는 장면을 본 적이 있을 것입니다. 또 나라에 비상사태가 발생하면 많은 사람은 대형 마트로 달려가 사재기를 하고, 그 과정에서 서로 사겠다고 싸우기도 합니다. 따라서 재화가 부족한 상황에서 본성을 그대로 따른다면 사회가 혼란해질 수밖에 없기 때문에 순자는 인간의 본성이 악하다고 주장한 것입니다. 아마 인간이 원하는 재화가 남아돌아간다면 성악설을 주장하지 않았겠지요. 우리의 타고난 본성 그 자체가 순자의 주장처럼 악한 것인지 한번 생각해 보기 바랍니다.

🦋 공정한 분배란 무엇인가?

순자의 주장대로라면 인간의 타고난 본성과 감정[性情]은 악하기 때문에 인간이 본성에 따라 살면 세상이 아수라장으로 변할 것이 확실합니다. 그렇다면 사람 간의 쟁탈전을 막으려면 어떻게 하면 좋을까요? 순자의 해결책은 다음과 같습니다.

앎이 삶이 되는 동양철학

그러므로 반드시 장차 스승의 법도에 의한 교화가 있고 예의(禮義)에 의해 지도된 연후에야 사양함으로 나아가고 형식과 도리에 부합해 다스려지는 데로 돌아간다.[6]

여기서 순자와 맹자의 사고방식 차이를 알 수 있습니다. 맹자는 누구나 선천적으로 양보하고 사양하는 마음, 즉 사양지심을 지니고 있다고 보았습니다. 하지만 순자는 스승의 교화와 예의(禮義)에 의한 지도가 있은 후에만 사양함으로 나아갈 수 있음을 강조합니다. 여러분은 누구의 주장이 더 합리적이라고 생각하십니까?

순자는 악한 본성으로 인한 혼란을 해결하기 위해 스승과 예(禮)의 필요성을 역설합니다. 순자는 예라는 것은 신체를 바르게 해 주는 것이고, 스승은 예를 바르게 하는 사람으로 봅니다.[7] 순자의 철학 전반에서 가장 중요한 단어는 '예(禮)'라고 할 수 있는데, 인간 본성의 악함 때문에 발생할 사회적 혼란을 해결해 주는 결정적인 역할을 하기 때문입니다. 그렇다면 인간을 선하게 만들어 줄 예는 어디서 기원하는 것일까요?

예는 어떻게 일어났는가? 사람은 태어나면서부터 욕구가 있으며, 욕구해서 얻지 못하면 구하지 않을 수가 없다. 구하는 데 일정한 기준과 한계가 없으면 싸우지 않을 수가 없다. 싸우면 혼란해지고 혼란해지면 궁해지는데, 선왕(先王)은 그 혼란을 싫어하였다. 그러므로 예의를 제정하여 분별함으로써 사람의 욕구를 기르고 사람이 구하는 것을 주었다. 욕구로 하여금 반드시 사물에 궁하지 않게 하고 사물은 욕구에 굴하지 않게 하여 양자가 서로 기대고 자라게 한다. 이것이 예가 일어나게 된 바이다.[8]

사람은 분명 욕구가 있으며, 욕구가 충족되지 않는다고 포기하는 동물이 아니죠. 오히려 더 적극적으로 욕구를 추구하게 됩니다. 이러한 상황에서 많은 사람이 욕구하는 것이 모자란다고 생각해 보세요. 분명히 서로 갖기 위해 다투다가 큰 혼란이 일어날 것입니다. 이때 선왕(先王), 즉 성인 군주가 혼란이 일어날 것을 미리 예측해 이를 예방하기 위해 제정한 것이 '예'입니다. 그런데 순자가 예를 인간의 욕구를 일방적으로 억제하는 도구로 묘사하지 않은 점은 중요합니다. 오히려 예가 인간의 욕구를 기르고 인간이 갖고 싶은 것을 공급해 준다고 주장하고 있습니다. 예를 들어 설명해 보겠습니다.

2020년 초 코로나 19가 전 세계를 강타했습니다. 그때 코로나 바이러스 감염 예방을 위해 마스크 착용은 필수였습니다. 그런데 마스크를 사고 싶어도 살 수 없고, 몇 시간씩 줄을 서도 사지 못하

앎이 삶이 되는 동양철학

는 경우가 허다했습니다. 마스크를 사는 데 성공하기 위해서 길에 텐트를 치고 기다리거나 몇 시간 전부터 줄을 서는 사람도 있었습니다. 저도 몇 번이나 약국에 갔다가 허탕을 치고 돌아오곤 했던 기억이 납니다. 좀처럼 이 문제가 해결이 되지 않자 대통령, 국무총리가 직접 국민들에게 여러 번 사과하는 지경에 이르게 되었습니다.

마스크 대란이 발생한 이유는 무엇일까요? 그 당시 경제 활동 인구가 약 3,000만 명인 데 비해 마스크 하루 생산량은 약 1,000만 장 정도였습니다. 즉, 마스크 수요에 비해 마스크 공급량이 턱없이 부족했던 것입니다. 그러다가 결국에는 마스크 5부제가 실시되었습니다. 자신이 태어난 연도에 따라서 살 수 있는 요일을 구분하고, 일주일에 개인당 2장만 살 수 있도록 하였죠. 이 제도를 통해 풍족하지는 않지만 그래도 국민들이 마스크를 구할 수 있게 되었습니다. 저도 이 제도가 시행된 후에야 마스크를 살 수 있었습니다.

순자에게 예는 부족한 재화로 인한 혼란을 해결해 주는 분배 기준입니다. 순자는 재화가 부족하고 본성은 악하니 모두 욕구 충족을 포기해야 한다고 주장하는 것이 결코 아닙니다. 모두가 자신의 욕구를 최선으로 채우기 위해서는 효율적인 분배 기준과 한계를 정해야 한다고 주장한 것입니다. 이를 위해 분배 기준과 한계를 예라는 이름으로 정하면 누구나 욕구하는 재화를 분수에 맞게 얻게 된다고 본 것입니다. 이는 마치 코로나 19 사태 때 부족한 마스크로 인한 혼란을 해결하기 위해 마스트 5부제를 통해 개인당 2장만 구매하도록 분배 기준과 한계를 정한 것과 같습니다.

그렇다면 순자가 주장한 분배의 기준은 구체적으로 무엇이었을까요? 즉, 예에 따른 분배란 어떻게 하는 것일까요? 좀 더 구체적인 분배 기준에 대해 순자의 이야기를 들어 보시죠.

> 무릇 천자와 같이 귀해지고, 천하를 소유하는 것처럼 부유해지는 것은 인간의 감정[情]이 동일하게 욕구하는 바이다. 그렇기 때문에 그러한 욕구를 따르면 형세가 용납할 수 없는 상태에 이르고, 재물은 넉넉할 수가 없다. 그러므로 선왕은 예의(禮義)를 제정하여 분별하였는데 귀함과 천함의 등급을 두었고, 어른과 아이의 차이를 두었고, 지혜로운 사람과 어리석은 사람 및 능한 사람과 능하지 못한 사람의 구분을 두었으며, 모든 사람으로 하여금 맡은 일을 수행하게 함으로써 각자가 마땅한 것을 얻도록 하였다.[9]

순자는 우선 인간의 욕구는 무한하고, 서로 좋아하는 것도 비슷한데 재물은 넉넉하지 않다고 말합니다. 이러한 상황에서 인간의 자연적 욕구를 그대로 방치하면 혼란이 생기기 때문에 선왕들이 미리 알아서 예라는 기준을 제정하였다고 주장합니다. 여기서 예에 따른 분배 기준이란 귀천, 장유, 지적 능력, 능숙한 정도에 따라 분배의 몫을 확실하게 구분 짓는 것입니다. 다시 말해 기준도 없이

앎이 삶이 되는 동양철학

재화를 나누는 것이 아니라 귀한 사람이 더 가져야 하고, 어른이 더 가져야 하며, 지혜로운 사람이 더 가져야 하고, 능숙한 사람이 더 가져야 한다는 것입니다.

결국 '구분[分]'을 지어 주어 공정하게 분배할 수 있도록 기준을 제시하는 것이 '예'의 역할입니다. 우리가 착각하지 말아야 할 것은 똑같이 나누는 것이 반드시 공정하고 정의로운 분배는 아니라는 점입니다. 더 능숙하게 일을 잘하는 사람과 일을 제대로 못하는 사람이 똑같은 몫을 받는 것은 오히려 불공정한 분배가 될 수 있습니다. 내가 열심히 기술을 연마해 능숙하게 일을 하게 되었음에도 노력하지 않아 일을 못 하는 사람과 똑같은 대우를 받으면 불공정하다고 생각할 것입니다. 따라서 순자는 예라는 기준을 통해 구분을 확실히 지어 줄 필요가 있다고 본 것입니다.

순자가 제시한 분배 기준 중에 귀천의 구분이 있습니다. 오늘날 민주주의적 입장에서 보면 순자의 사고방식은 너무나 봉건적이고 보수적이라고 할 수 있습니다. 하지만 순자의 주장을 잘 들여다보면 반드시 그렇지만도 않다는 생각이 듭니다. 정치하는 방법에 대해 순자에게 묻자 그가 대답한 내용입니다.

현명하고 능력 있는 사람은 차례를 기다리지 않고 등용하고, 어리석고 능력이 없는 사람은 잠깐도 기다리지 않고 그만두게 하며, 매우 악한 사람은 교화를 기다리지 않고 벌을 주고, 평범한 백성들은 정치를 기다리지 않고 교화시킨다. … 비록 왕공(王公, 신분이 높은 사람)이나 사대부의 자손이더라도 예의를 따르지 않으면 서인(庶人)으로 돌아가게 하고, 비록 서인의 자손이더라도 학문을 쌓고 몸을 바르게 하여 예의를 따르면 경상(卿相, 재상)이나 사대부로 돌아가게 한다.[10]

순자는 현명하고 능력 있는 사람은 바로 등용해야 하며, 높은 신분의 자손일지라도 예의를 행하지 못하면 서민층으로 돌려보내야 하고, 서민의 자손이라도 학문을 쌓고 몸을 바르게 하며 예의를 행한다면 높은 신분으로 돌려보내야 한다고 주장합니다. 이러한 순자의 생각은 신분제도 자체를 부정하는 데까지 나아가지 못했다는 한계를 지닙니다. 하지만 능력보다 혈연을 중시했던 당시의 봉건적 신분제도가 지닌 문제점을 극복하려는 개혁적인 의지를 잘 보여 주었다고 생각합니다.

예를 분배 기준으로 제시한 순자의 사상을 통해 우리가 만약 분배의 주체나 리더가 된다면 어떤 역할을 해야 하는지를 알 수 있습니다. 우리가 팀장이 되어 부하 직원들 중 누군가를 승진시켜야 할 때, 우리가 사장이 되어 적절한 월급을 주어야 할 때, 반장으로서 상품을 급우들과 나누어 가져야만 할 때 우리는 풍족하지 않은 재화를 공정하게 나눌 수 있는 분배 기준을 정확하게 구분해 제시해야 합니다. 이를 통해 구성원들의 욕구를 합리적으로 충족시켜 줄 때 진정한 리더라고 할 수 있습니다.

반대로 분배를 직접 주도하는 것이 아니라 분배의 몫을 받는 입장이라면, 자신의 분수를 알고 분수에 맞는 공정한 몫을 바라는 겸손한 자세도 필요하다고 생각됩니다. 나보다 더 많은 노력과 헌신을 한 사람과 나의 몫이 무조건 똑같아야 한다고 주장해서는 안 된다는 뜻입니다. 그래야만 나뿐만이 아니라 우리 모두가 재화가 부족한 상황에서도 자신의 욕구를 적절히 채우면서 행복하게 살 수 있을 테니까요.

악한 인간도 성인이 될 수 있을까?

순자는 도덕적인 인간과 도덕적인 사회를 만들기 위해 인간의 악한 본성을 변화시키고, 인위를 일으켜야 한다는 '화성기위(化性起僞)'를 주장합니다.[11] 여기서 순자가 사용하는 한자 '僞(위)'자는 '거짓 위'입니다. 물론 순자는 거짓이라는 뜻이 아니라 인위(작위)라는 뜻으로 사용합니다. '僞(위)'자를 나누어 보면 '사람 인(人)'과 '할 위(爲)'가 결합된 글자임을 알 수 있습니다. 따라서 '위를 일으킨다'는 것은 '인위를 일으킨다'는 뜻으로 인간의 후천적인 노력을 강조하는 것입니다.

순자는 선이라는 것은 선천적 본성에서 나온 것이 아니라 후천적인 노력, 즉 인위의 결과로 나타난다고 보는 사상가입니다. 순자는 본성에서부터 인위로 이어지는 작용을 네 가지 측면으로 나누어 설명합니다.[12]

구분		의미
선천 (악)	성 (性, 본성)	노력하지 않아도 저절로 그러한 것
	정 (情, 감정)	성이 좋아하고 싫어하며, 기뻐하고 화내며, 슬퍼하고 기뻐하는 것
후천 (선 가능)	려 (慮, 사려)	정이 그렇게 나타나지만 그것을 가려서 선택하는 것
	위 (僞, 인위)	• 마음이 사려 깊게 생각하여 행동할 수 있게 하는 것 • 사려가 축적되고 습관이 된 후에 이루어진 것

순자는 성과 정을 인간이 선천적인 것으로, 려(사려)와 위(인위)는 후천적인 것으로 보았습니다. 순자는 악한 성과 정을 따라 살아서는 안 되며, 사려 깊게 생각하고 인위를 거듭해서 실천해 나감으로써 도덕적인 삶을 살아야 한다고 주장합니다. 도덕적인 성인이 되기 위해서는 본성이 아니라 후천적이고 인위적인 노력이 중요하다는 것입니다. 순자는 "성인은 사려를 축적하고 인위[僞]를 거듭행해서 예의를 만들고 법도를 일으켰다."[13]라고 말한 바 있습니다.

또한 "길거리의 사람들도 우(유가의 성인)가 될 수 있다."[14]라고 주장하며, 누구나 노력하면 성인이 될 수 있다고 하였습니다. 순자

앎이 삶이 되는 동양철학

는 비록 본성은 부정적으로 보았지만 도덕을 배울 수 있는 능력은 긍정하였습니다.

> 무릇 우가 우(성인)가 될 수 있었던 까닭은 인의법
> 정(仁義法正)을 행했기 때문이다. … 길거리의 사람들
> 이 모두 인의법정을 알 수 있는 바탕을 갖고 있고, 모두
> 인의법정을 행할 수 있는 능력을 구비하고 있다. 그렇
> 기 때문에 그들은 모두 우가 될 수 있음은 명백하다.[15]

평범한 사람이 성인이 될 수 있었던 이유는 본성 때문이 아니라 인의(仁義)와 법도[法]와 올바름[正], 즉 인의법정을 열심히 행했기 때문입니다. 순자는 노력을 통해 선해질 수 있는 가능성은 누구나 지니고 있다고 본 것입니다. 다시 말해, 모두가 인의법정을 알 수 있고, 인의법정을 행할 수 있는 자질을 갖고 태어나기 때문에 인위적인 노력을 꾸준히 쌓는다면 누구나 성인이 될 수 있다는 것입니다. 그래서 순자는 다음과 같이 주장합니다.

> 본성[性]이라는 것은 본래 처음부터 질박한 것이다.
> 인위[僞]라는 것은 형식과 도리[文理]가 융성한 것이
> 다. 본성이 없으면 인위를 더할 곳이 없고, 인위가 없
> 으면 본성이 스스로 아름다워질 수가 없다. 본성과 인

위가 합쳐진 후에야 성인의 이름이 이루어지고, 천하를 통일하는 공적도 이것에서 성취되는 것이다.[16]

순자는 본성과 인위의 결합, 즉 성위지합(性僞之合)을 통해 성인이 될 수 있다고 주장합니다. 이처럼 순자 철학의 핵심은 악한 본성을 지닌 사람을 인위적 노력을 통해 도덕적으로 변화시켜야 한다는 것입니다. 순자는 인간이 이익을 좋아하는 본성으로 인해 그냥 내버려 두면 심지어 형제끼리도 서로 재물을 갖기 위해 다툴 것이라고 주장합니다. 하지만 예의로 교화하고 나면 형제끼리 서로 사양하는 것은 물론이고, 자신과 친분이 없는 나라 안의 사람에게도 양보한다고 주장합니다. 따라서 스승으로부터 열심히 예의를 배워 도덕적인 사람이 되려는 노력을 해야 합니다. 결국 순자는 비록 인간의 타고난 본성은 악하지만 누구나 도덕적 인간이 될 수 있는 가능성은 지니고 있으니 예의로 교화시켜 도덕적으로 살도록 해야 한다고 주장하는 것입니다.

그렇다면 성인과 일반인의 공통점과 차이점은 무엇일까요? 성인과 일반인의 공통점은 바로 악한 본성을 가지고 태어났다는 점입니다. 성인일지라도 원래부터 선했던 것이 아닙니다. 성인도 일반인들처럼 악하게 태어났지만 열심히 예의를 익히고 실천하여 성인이 될 수 있었던 것입니다. 따라서 일반인들과 성인의 차이점은 일반인들은 악한 본성을 그대로 지니고 살지만 성인은 악한 본성

앎이 삶이 되는 동양철학

을 변화시키기 위해 인위를 쌓는 노력을 지속했다는 점입니다.

공자, 맹자, 순자를 비교해 보면, 공자는 "본성은 서로 비슷하지만 습관에 의해 서로 멀어진다."[17]라고만 언급하였으므로 성선설인지 성악설인지 단정하기 어렵습니다. 한편 맹자는 성선설을, 순자는 성악설을 주장하면서 상반되는 본성론을 주장하였습니다. 따라서 맹자는 사욕을 버려 선한 본성을 회복하고 실현해 나갈 것을 강조한 반면, 순자는 악한 본성을 규제하기 위해 예로 대표되는 인위를 행할 수 있도록 도덕적 교화를 해야 한다고 주장합니다.

다시 말해 맹자는 예를 선천적으로 타고난 내재적인 것으로 본다면 순자는 후천적으로 배우고 익혀야 할 외재적인 것으로 이해합니다. 맹자에게 예라는 것은 보존하고, 함양하고, 확충하고, 실현해야 할 대상입니다. 반면에 순자에게 예는 후천적으로 배우고 익혀야 할 대상이자 악한 본성을 규제하는 하나의 외적 규제 장치라고 할 수 있습니다.

공자, 맹자, 순자 모두 유가 철학자로서 도덕적인 사람과 도덕적인 사회를 추구했다는 공통점을 지닙니다. 아울러 공자, 맹자, 순자 모두 도덕적이고 선하게 살기 위해 지속적인 수양이 필요하다고 주장한 점도 같습니다. 공자는 사욕을 극복해 덕행을 꾸준히 실천하는 수양의 중요성을 강조하였고, 맹자는 누구나 도덕적인 마음인 사단을 타고 나지만 이를 확충하지 못하면 자신의 부모도 제대로 모실 수 없다고 역설하면서 사사로운 욕구를 줄여나가는 수양을 강조하였습니다. 순자 또한 인간 본성은 악하고 선은 후천적 노력, 즉 인위(작위)를 쌓아야 가능하다고 역설하면서 지속적인 수양의 필요성을 강조하였습니다. 결국 끊임없이 사욕을 물리치는 수양을 해야만 인간이 인간답게 살 수 있다는 것입니다.

🦋 하늘과 사람은 무관한가?

요즘에도 자주 쓰고 듣는 말 중 하나로, 흉악범들이 뉴스에 나오면 사람들은 "천벌을 받을 놈이야."라고 말하곤 합니다. 하늘은 정말 나쁜 사람을 골라서 벌을 주는 것일까요? "지성이면 감천"이라는 말이 있듯이, 우리가 온 정성을 다해 노력하면 정말 하늘이 감동을 해서 우리의 소원을 들어줄까요? 과학적 사고가 발달한 현대인들은 하늘은 단지 자연일 뿐 이런 능력이 없다는 점을 잘 알고 있습니다. 하지만 고대에는 하늘이 당연히 악인에게 천벌도 내리고, 인간이 성실히 최선을 다하면 감동을 받아 소원도 들어주는 존재였습니다.

하지만 순자는 이러한 하늘의 미신적 요소를 인정하지 않았습니다. 순자 철학의 중요한 특징 중 하나는 공자, 맹자가 오늘날 종교인들이 신을 모시듯 경외하였던 하늘과 결별을 선언했다는 점입니다. 공자는 50세를 지천명(知天命)이라고 하면서 하늘의 명을 아는 나이로 표현한 바 있습니다. 또 공자가 부득이하게 음란하다고 소문이 났던 부인을 만났을 때 제자인 자로(子路)가 불쾌해하자 공자는 맹세하며 다음과 같이 말합니다.

> 내가 잘못을 범했다면 하늘이 (나를) 미워할 것이다. 하늘이 미워할 것이다.[18]

공자에게 하늘은 인간이 하는 모든 일을 알고 있으며 인간의 운명에 관여하여 죄인을 미워하고 벌할 수 있는 존재라고 할 수 있습니다. 맹자도 공자와 유사하게 하늘을 공경하고 하늘과 인간이 하나가 되어야 한다고 보았습니다. 맹자는 하늘이 인간에게 도덕적 본성을 부여해 주었다고 보아 다음과 같이 주장합니다.

> 그 마음을 극진히 하는 사람은 그 본성을 알게 되고, 그 본성을 알게 되면 하늘을 알게 된다.[19]

이처럼 공자와 맹자에게 하늘은 인간과 밀접한 관계를 맺고 있는 경외의 대상이라고 할 수 있습니다. 따라서 인간이 도덕적으로 살기 위해서는 하늘의 뜻을 알고 하늘의 도(道)에 따라 살아야 한다고 말할 수 있습니다. 결국 하늘과 인간의 하나 됨, 즉 천인합일(天人合一)을 추구했다고 볼 수 있습니다.

반면에 순자가 하늘을 바라보는 관점, 즉 천관(天觀)은 매우 현실적이고 합리적이라고 할 수 있습니다. 하늘이 정해 준 운명만 믿거나, 모든 것을 하늘에 의존하고, 하늘을 신격화하는 그러한 관점이 아닙니다. 순자의 천관을 한마디로 표현하면 '천인지분(天人之分)'이라고 표현할 수 있습니다. 순자의 주장을 직접 들어 보시죠.

하늘의 운행에는 항상성이 있다. 요(유가의 대표적 성인 왕)를 위해 존재하는 것도 아니고 걸(대표적인 폭군) 때문에 사라지는 것도 아니다. 다스림으로써 그것에 응하면 길하고, 어지러움으로써 그것에 응하면 흉하다. 근본(농업)에 힘쓰고 절약하면 하늘도 가난하게 할 수 없다. 보양과 대비를 잘하고 때에 맞게 움직이면 하늘도 병들게 할 수 없다. 도를 닦아 어긋나지 않으면 하늘도 화(禍)를 입힐 수 없다. … 그러므로 하늘과 인간의 구분[天人之分]에 밝으면 지극한 사람[至人]이라 이를 수 있다.[20]

순자는 하늘(자연)은 인간과 무관한 나름대로의 일정한 법칙을 가지고 운행한다고 보았습니다. 인간이 그러한 자연법칙을 알아서 잘 다스리면 길하며(복이 있으며), 그렇지 못하면 흉(불길)하다고 주장합니다. 하늘은 그저 하늘(자연)이기 때문에 열심히 일한 사람을 가난하게 만들거나, 질병에 대비해 건강관리를 꾸준히 해 온 사

앎이 삶이 되는 동양철학

람을 병들게 할 수 없다고 역설합니다. 그럼에도 불구하고 고대에 많은 사람은 병에 걸리면 천벌을 받았다거나 하늘이 화가 났다고 생각하곤 했으니 순자로서는 이를 지적하고 넘어가지 않을 수 없었던 것입니다. 순자는 또 다음과 같이 주장합니다.

기우제를 지내면 비가 오는 이유는 무엇인가? 말하자면 그것은 다른 이유가 없다. 마치 기우제를 지내지 않아도 비가 오는 것과 같다.[21]

하늘은 인간이 추위를 싫어한다고 겨울을 멈추지 않는다.[22]

이처럼 순자는 고대에 살았던 철학자임에도 불구하고 미신적 사고방식에서 벗어나기 위해 노력하였습니다. 순자는 철저하게 하늘과 인간의 일, 즉 하늘과 인간의 길흉화복(吉凶禍福)은 무관함을 역설하였습니다. 그렇다면 우리는 하늘을 어떻게 대해야 할까요?

하늘을 위대하게 여겨 그것을 생각하는 것과 사물을 비축하고 그것을 제어하는 것 중 어느 편이 더 낫겠는가? 하늘을 따르고 칭송하는 것과 천명(天命)을 제어하고 그것을 이용하는 것 중 어느 편이 더 낫겠는가?[23]

서양의 기독교 전통에 반기를 들며 '신은 죽었다!'고 선언한 니체가 생각이 납니다. 순자는 유가 전통에 반대해 하늘을 인격신과 같은 숭배의 대상으로 인정하지 않았습니다. 그는 하늘을 자연의 일부 또는 자연 그 자체로 이해했습니다. 인위적 노력을 중시한 순자는 인간이 수동적으로 천명을 기다리기보다는 적극적으로 하늘(자연)을 통제하고 이용하는 것이 필요하다고 생각했습니다. 오늘날에는 과학기술을 활용해 자연을 통제하고 이용해야 한다는 생각이 당연시되지만 그 당시로는 매우 혁신적인 주장이었을 것입니다. 이처럼 순자는 유가 철학자 중에서도 가장 현실적이고 인간 중심적인 모습을 보여 주었습니다.

저는 순자의 용기 있는 결단력을 배우고 싶다는 생각을 많이 합니다. 많은 사람이 짜장면, 짬뽕도 쉽게 결정하지 못하고 다른 사람이 결정해 주면 그것을 그대로 따르는 것이 편하다고 생각하기도 합니다. 결정장애가 있는 것이죠. 그러나 나중에 후회하지 않는 삶을 살기 위해서는 중요한 순간에 과감한 결정을 할 수 있는 결단력을 지녀야 합니다. 오늘날 알려진 수많은 철학자들은 제가 보기에는 중요한 순간에 어려운 결정을 소신 있게 했던 사람입니다.

순자가 정통 유가 사상을 그대로 계승하지 않고 자신만의 생각을 논리적으로 주장해 오늘날까지 이름을 남긴 것은 모두 그의 결단력 때문이라고 생각합니다. 공자와 맹자의 사상을 그대로 수용해 무난한 철학 사상을 주장했다면 순자의 철학은 오늘날 그 흔적조차 남지 않았을 것입니다. 여러분 중에 혹시 남들이 가지 않은 길을 갈까 말까 고민하는 분이 있다면 생각만 하다가 아까운 시간을 보내지 말고 과감하게 결단을 내려 보길 제안합니다. 결단 없이 삶은 바뀌지 않습니다.

무엇으로 관계를 회복해야 하나?

유가 사상가인 순자는 공자의 정명 사상을 계승하고 있습니다. 정명 사상은 사회 구성원 각자가 자신이 맡은 역할과 그에 걸맞은 덕을 지녀야 함을 강조하는 사상입니다. 순자 또한 정명을 주장하고 있습니다.

> 예의라는 것은 다스림의 시작이고, 군자라는 것은 예의의 시작이다. … 임금은 임금답고, 신하는 신하답고, 아버지는 아버지답고, 아들은 아들답고, 형은 형답고, 아우는 아우다운 것은 하나의 원리이다. 농부는 농부답고, 선비는 선비답고, 기술자는 기술자답고, 상인은 상인다운 것도 하나의 원리이다.[24]

예로 다스리는 예치(禮治)를 강조한 순자가 정명을 강조한 이유는 각자가 자기 분수를 알고 자신의 역할에 충실해야 사회 질서가 바로 잡힌다고 생각했기 때문입니다. 순자는 일관되게 예를 기준으로 한 분별을 강조합니다. 다시 말해 순자의 정명은 사회적 역할을 확실히 분별하고, 그 역할에 충실해야 한다는 주장으로 볼 수 있습니다.

순자는 맹자가 주장했던 왕도 정치에 대해서도 언급합니다. 맹자가 덕으로 다스리는 왕도 정치와 무력이나 권모술수로 다스리는 패도 정치를 상반된 정치 형태로 이해했던 것과는 달리 순자는 정치 형태를 두 가지가 아니라 세 가지로 구분해 설명합니다. 왕도(王道), 패도(霸道), 망도(亡道)가 그것입니다.

> 의(義)를 세우면 왕자(王者)가 되고, 신뢰(信)를 세우면 패자(霸者)가 되며, 권모를 세우면 망자(亡者)가 된다.[25]

> 군주로서 예를 높이고 현명한 사람을 존중한다면 왕자가 되고, 법을 중시하고 백성을 사랑한다면 패자가 되며, 이익을 좋아하고 많이 속인다면 위태롭다.[26]

순자는 왕도를 가장 이상적인 정치 형태로 보았고, 패도를 현실적으로 용인될 수 있는 정치 형태로 파악해 수긍합니다. 하지만 망도에 대해서는 이익을 밝히고 권모술수로 남을 속여 나라를 망하게 만든다고 비판하고 있습니다. 왕도를 이상적 정치 형태로 파악한 점은 맹자와 순자가 동일합니다. 하지만 맹자는 패도를 인정하지 않고 순자는 긍정한다는 점에서 차이가 있습니다. 물론 그 의미

앎이 삶이 되는 동양철학

가 같지는 않습니다. 순자에게 왕도란 예의를 기반으로 다스리는 정치이고, 패도란 신뢰를 바탕으로 하는 정치이며, 망도란 권모술수와 같은 속임수로 다스리는 정치입니다. 여기서 패도 정치가 신뢰를 쌓기 위해서는 법치가 이루어져야 한다고 보았습니다. 덕으로 다스리는 것이 가장 이상적이지만 법으로라도 질서가 잡혀 신뢰할 수 있는 정치를 한다면 인정할 수 있다는 것입니다.

오늘날 우리는 법치국가에 살고 있습니다. 법이 복잡한 현대 사회 문제를 해결하는 데 공정한 기준인 것은 부정할 수 없습니다. 하지만 법에 의존하는 경향이 너무 강해져 모든 것을 법으로 해결하려고 하는 사람이 많아지고 있습니다. 사람과 사람 사이의 갈등을 해결하는 수단으로 도덕도 있는데 법에 의존하려는 것이지요. 심지어 이웃 간의 층간 소음, 친구 간의 다툼은 물론이고 형제자매나 부모와 자식 간에도 법적인 분쟁을 합니다. 법대로 하는 것이 과연 최선인지 고민해 보았으면 좋겠습니다.

예를 들어 생각해 보겠습니다. 이 응급실에는 3명의 의사가 근무를 하고 있었습니다. 그들은 응급실에 오는 환자들 중 누구를 먼저 치료해야 할지에 대한 원칙을 세우기 위해 회의를 하기 시작했습니다.

유민 의사: 생명의 가치는 똑같으니 먼저 응급실에 도착한
　　　　　사람부터 치료해야 합니다.

해민 의사: 아닙니다. 나이가 어린 사람부터 치료해야 합
　　　　 니다. 생명의 가치가 중요하다면 그 생명을 더 오래
　　　　 유지할 가능성이 높은 사람부터 치료해야 한다고
　　　　 생각합니다.
재민 의사: 아닙니다. 생명의 가치는 소중하기 때문에 당
　　　　 장 치료를 하지 않으면 죽게 될 중상 환사부터 치료
　　　　 해야 한다고 생각합니다.

　여러분은 어떤 사람부터 치료해야 한다고 생각하나요? 그들은
오랜 논쟁 끝에 결국 다음과 같은 결론에 도달했습니다. 중상 환자
부터 치료하고, 똑같은 중상 환자라면 나이가 어린 사람부터 치료
하고, 나이도 같다면 먼저 응급실에 도착한 사람부터 치료하기로
결정했습니다. 그리고 이 원칙을 철저히 지키기로 약속하였습니다.
　그러던 어느 날 인근 고등학교 교실에서 화재가 발생해 응급
환자 31명이 이 응급실로 실려 왔습니다. 끝까지 학생들을 대피시
키다 중상을 입은 50대 교사 환자가 1명 있었고, 나머지는 30명은
18세의 고등학생이었습니다. 이 30명의 고등학생은 약 1시간 정도
는 치료를 미룰 수 있으나 계속 치료를 미루면 모두 죽게 될 상황이
었습니다. 의사들이 모두 중상 환자 1명을 치료하는 데 집중하면
나머지 30명이 죽게 되고, 중상 환자 1명의 치료를 포기하고 30명의
응급 치료를 시행한다면 학생들을 모두 살릴 수 있다면 어떻게 해

야 할까요?

비록 중상 환자는 다른 고등학생 환자들보다 나이가 훨씬 많고, 응급실에 다른 환자들보다 약 5분 늦게 도착한 상황입니다. 그러나 중상 환자를 먼저 치료하기로 원칙을 정했으니 이 환자를 우선적으로 치료하는 것이 맞을까요? 의사들은 갑자기 자신들이 세운 원칙대로 치료를 시작해야 하는지 고민이 되기 시작했습니다. 그러나 원칙을 지키기로 약속했기 때문에 세 명 모두 마음속으로는 그 원칙을 따르고 싶지는 않았지만 결국 교사 1명을 치료했고 나머지 30명의 학생이 죽게 되었습니다.

물론 원칙대로 하는 것이 맞을 수 있습니다. 인생에서 일어나는 일들은 언제나 정답이라는 것이 없듯이 이 상황에도 정답은 없다고 생각합니다. 수학처럼 항상 정답이 있으면 좋겠지만 실제 삶에는 정답이라는 것은 없죠. 그렇다면 이 상황에서 원칙만 고수하는 것이 올바른 태도일까요? 공자도 "사람이 도(道)를 넓히는 것이지, 도가 사람을 넓히는 것은 아니다."[27]라고 말한 바 있습니다. 저는 철학과 같은 인문학을 공부하는 이유가 원칙에 따르기 위해서가 아니라 원칙 자체에 의문을 품고, 더 나은 원칙을 창출하기 위해서라고 생각합니다.

이 상황에서 의사들은 자신들이 세운 원칙에 의문을 품고, 이 원칙이 이 상황에서도 옳은지 되돌아보아야 했다고 생각합니다. 원칙을 세우기 위한 회의에서, 의사 세 명 모두 생명이라는 가치를 보다 더 잘 실현하기 위해 각자의 의견을 주장했던 것이고, 더 많은 생명을 살릴 수 있는 방법으로 그 원칙에 동의했던 것이었습니다. 그러나 현 상황에서 생명의 가치를 더 잘 실현할 수 있는 다른 방법이 있다면 과감하게 그 원칙을 포기할 수 있어야 한다고 생각합니다. 원칙에만 얽매어 자유로운 사고를 하지 못하는 것은 인문학이 추구하는 바가 아닙니다. 원칙을 깰 때 우리가 추구해야 하는 본질인 생명의 가치가 더 잘 실현될 수 있다면 원칙도 과감하게 버릴 수 있어야 합니다.

토론과 토의를 하다 보면 많은 사람이 법에 그렇게 정해져 있으니 법에 나온 의견이 옳다고 주장합니다. 법이라는 것이 옳고 그름을 판단하는 기준이 될 수 있을까요? 중요한 것은 법이 곧 정의는 아니라는 점입니다. 법은 '정의'라는 본질적 가치의 실현을 목적으로 우리 인간들이 합의를 통해 만들어 낸 사회적 산물에 불과합니다. 만약 법이 정의라는 가치를 실현하지 못하면 당연히 폐기되어야 합니다. 법은 정의를 실현하는 도구에 불과한데, 법을 목적으로 착각해 맹목적으로 따른다면 사회는 전혀 발전할 수 없습니다.

철학은 눈에 보이는 현상이 다가 아니라는 점을 깨닫게 합니다. 철학은 눈에 보이는 것보다 눈에 보이지 않는 것, 즉 현상의 이면에 감추어진 본질을 드러냅니다. 이를 통해 서로 달라 보이는 주장들 속에도 서로가 공통적으로 추구하는 본질이 있음을 깨닫게 함으로써 갈등 해결의 실마리를 제공해 줍니다. 또한 현상에 얽매어 틀에

앎이 삶이 되는 동양철학

박힌 생각을 하고 사는 우리들에게 자유로운 사고를 할 수 있도록 이끌어 줍니다. 그래서 철학적 상상력은 더 좋은 삶과 사회를 만드는 원동력이 되는 것입니다.

오늘날 우리는 교통과 정보 통신 기술의 발달로 과거와 달리 수많은 사람을 만나 폭넓은 관계를 형성하며 살고 있습니다. 하지만 관계의 폭이 넓어진 데 비해 그 깊이는 깊어지지 못하다 보니 이웃끼리 인사도 잘 안 하며 지내게 되었습니다. 이런 상황에서 상대방이 나에게 작은 피해라도 끼치게 되면 상대를 이해하려 하기보다는 법정으로 가게 된 것이죠. 도덕적으로 해결할 수 없을 만큼 인간관계가 황폐해진 현실이 매우 씁쓸합니다. 우리가 잊지 말아야 할 것은 인간관계의 이상은 법이 아니라 도덕이라는 점입니다. 법과 도덕 모두 인간이 만든 것이지만 도덕적 옳음, 즉 정의가 법을 이끌어 나가야 우리 사회가 더 살기 좋은 사회가 될 것이라고 생각합니다.

순자는 법을 중시하는 패도도 인정할 수는 있지만 도덕을 중시하는 왕도보다 더 나을 수는 없다고 생각했습니다. 순자는 "좋은 법이 있어도 혼란한 적은 있었지만 (도덕적) 군자가 있는데도 혼란했다는 것은 예로부터 지금까지 일찍이 들어본 적이 없다."[28]라고 하였습니다. 이 말을 통해 사회 혼란의 근본적인 해결을 위해서는 법보다는 도덕의 확립에 힘써야 함을 알 수 있습니다. 인간관계가 두터워져 작은 갈등은 도덕적으로 해결되고 서로 이해하며 살 수 있는 세상이 오기를 기대해 봅니다.

유교 철학은 인간관계를 중시하는 특징을 지니고 있습니다. 유학자들이 효제충신(孝悌忠信), 인의예지(仁義禮智) 등 다양한 도덕적 덕목을 강조하는 것도 사실 덕이 인간관계를 원활하게 만들어 주는 윤활유 역할을 하기 때문입니다. 그런데 개인주의화된 오늘날 현대인들은 서로 덕을 베풀기보다는 서로 피해만 주지 않으면 된다는 생각으로 살아갑니다. 그리고 동양철학을 매우 보수적이고 구태의연한 유물처럼 바라보기도 합니다.

그러나 동양철학을 평가하기 위해서는 오늘날의 눈높이에서가 아니라 그 시대의 관점에서 보는 것이 더 타당하다고 생각합니다. 2000년도 훨씬 더 된 공자, 맹자, 순자의 철학을 평가하면서 오늘날의 시선을 평가 기준으로 사용하는 것은 불합리할 뿐 아니라 불공정합니다. 철학은 그 시대의 시대상을 고스란히 반영하고 있는 만큼 춘추전국시대의 관점에서 본다면 신분이 높은 사람이 아니라 도덕적인 사람을 군자라 칭했던 공자, 민본주의 혁명 사상을 주장했던 맹자, 혈연보다 능력과 예의를 중시했던 순자 모두 매우 진보적이고 개혁적인 사고방식을 지녔던 철학자들이라고 할 수 있습니다.

공자가 강조한 온고이지신(溫故而知新)의 자세, 즉 옛것을 익혀서 새로운 것을 깨닫는 공부 방법으로 동양철학을 바라본다면 동양철학은 마르지 않는 샘물과도 같습니다. 2000년이 더 지난 철학이지만 오늘날은 물론 미래에도 끊임없이 삶의 지혜를 제공해 줄 것입니다. 그리고 그 지혜를 스스로 찾는 과정 자체가 철학하는 과정이라고 생각합니다. 가끔 서양철학만 편식하는 사람 중에는 동양철학은 삶의 지침을 말하는 것이지 철학이 아니라고 주장하며, 복잡한 서양철학을 많이 알고 있는 것을 자랑하는 사람도 있습니다.

하지만 동양철학은 고전에 담긴 의의를 현실에 맞게 주체적으로 재해석하는 과정이 중시되기 때문에 이론을 넘어 삶을 변화시킬 충분한 힘을 지니고 있습니다. 우리는 동양인으로서 동양철학에 대한 자부심을 지녔으면 좋겠습니다. 서양철학과 동양철학은 우열을 논할 수 있는 대상이 아니라 서양철학이 주는 맛과 동양철학이 주는 맛이 다르다고 말하고 싶습니다. 그러니 편식하지 말고 모두 먹어 보길 제안합니다. 열심히 공부를 하다 보면 인류의 스승들보다 더 뛰어난 생각을 하게 될 날, 즉 청출어람(靑出於藍)을 하게 될 날이 올 것입니다. '청출어람'이란 사자성어의 유래가 된 순자의 주장을 들으며 유교 이야기를 마치고자 합니다.

군자가 말하기를, 학문이란 그만둘 수 없는 것이다.
푸른색은 쪽풀에서 취한 것이지만 쪽풀보다 푸르며,
얼음은 물이 얼어서 된 것이지만 물보다 차갑다.[29]

113

··
도
가
··

도가(道家, Taoism)는 춘추전국시대의 제자백가 사상 중 하나로, 고대 중국 철학자 노자(老子)가 체계화한 사상이다. 노자와 장자가 대표적인 사상가이기 때문에 노장사상(老莊思想) 또는 노장철학이라고도 한다. 자연의 도(道)에 따르는 삶, 즉 무위자연(無爲自然)의 삶을 이상적인 삶의 모습으로 제시하였다. 인(仁)과 예(禮)와 같은 인위적 덕목을 강조한 유교 사상에 대해 매우 비판적이었다. 후에 불로장생을 추구하는 도교(道敎)의 형성과 예술 분야에 많은 영향을 미쳤다. 아울러 물질 문명이 초래한 현대 사회의 병폐와 환경 위기를 극복하는 데 필요한 지혜를 제공해 주고 있다.

도가

제4장

노 자

노자(老子)

중국 춘추시대의 도가 사상가(기원전 5~6세기경)로 초(楚)나라에서 태어났다. 성은 이(李)이고, 이름은 이(耳)이며, 자는 담(聃)이다. 주(周)나라에서 왕실의 장 서실(藏書室)을 관리하는 일을 맡아 보았다고 전해진다. 도가의 시조로서 자연의 도(道)를 따르는 무위자연(無爲自然)의 삶을 살 것을 강조하였다. 『도덕경(道德經)』 에는 그의 사상이 잘 나타나 있다.

제4장
노자

 천하를 위해 털 한 올을 희생할 것인가?

도가는 춘추시대 사상가인 노자(기원전 5~6세기경)에 의해 창시되었다고 전해집니다. 도가 사상은 노자와 장자로 대표되기 때문에 노장사상(老莊思想)이라고도 부릅니다. 도가는 양주의 위아주의(爲我主義)에 뿌리를 두고 있습니다. 위아주의를 글자 그대로 해석하면 '자기 자신만 위한다(爲我)'는 뜻인데, 실제로 자신의 생명 보존을 가장 중시하는 개인주의적인 사상입니다. 그래서 유가 사상가 맹자는 양주를 비판하면서, "양주는 자신만 위하니 자신의 털 한 올을 뽑으면 천하에 이익이 된다고 할지라도 그렇게 하지 않았다."[1]라고 주장합니다.

양주의 개인주의 사상은 자신의 생명을 온전히 지키는 것을 지나치게 중시하여 많은 비판을 받았습니다. 하지만 오늘날 민주주의적 관점에서 평가해 본다면 개인이 지닌 가치와 권리를 강조했다는 점에서 의미가 있습니다. 그러나 양주는 개인의 가치 보장을 위해 적극적으로 정치에 참여한 사람이 아니라, 정치에는 무관심한 은둔주의 사상가였다는 한계가 있습니다. 그렇다면 왜 하찮은 털한 올도 천하를 위해 희생하지 않겠다고 했을까요?

우리는 살다 보면 지켜야 할 원칙들이 참 많다는 생각을 하게 됩니다. 도로에서 빨간불이 켜지면 차가 오든 오지 않든 길을 건널 수 없습니다. 만약 차가 오지 않으면 빨간불이라도 건너도 된다는 예외를 인정하면 어떻게 될까요? 많은 사람은 이 규정을 악용해 빨간불에도 건너려고 할 것이고, 차가 멀리서 오고 있었다거나 차가 오기 전에 충분히 건널 수 있어서 건넜다는 등 다양한 예외를 또 만들어 낼 것입니다. 결국 어떤 규칙이 있을 때 하나둘 예외를 인정해 주다 보면 사회질서가 혼란에 빠질 수 있습니다. 그래서 규칙이 때로는 답답해 보이지만 지켜야 하는 것입니다.

마찬가지로 양주의 경우에도 천하의 이익을 위해 털 한 올쯤은 희생할 마음이 있었을 것입니다. 그러나 처음에 털 한 올을 희생해서 천하를 구했다면, 다음에는 팔 하나를 내놓으라고 요구받을 수 있을 것이고, 그다음에는 자기 자신에게 가장 중요한 생명도 희생하라는 강요를 받을 수 있습니다. 그래서 양주는 처음부터 털 한 올도 희생하지 않겠다고 주장한 것입니다. 이러한 양주의 생명 존중 사상과 정치에 불간섭하는 태도는 도가 철학 전반에 영향을 미치게 됩니다.

무엇을 본받아 살까?

생명을 오래 보존하기 위한 방법은 무엇일까요? 이 물음에 답을 생각하기에 앞서 만약 인류가 멸망한다면, 왜 멸망하게 될까요? 핵 전쟁, 식량 문제, 인구 폭발, 전염병 확산 등 여러 가지 원인을 생각해 볼 수 있습니다. 인류의 종말은 끔찍하니 인류 종말을 막고, 자신도 생명을 보존하기 위해 우리 주위에서 어떤 것이 오래오래 살고 있는지 한번 생각해 봅시다. 만약 그 답을 찾게 된다면 우리가 그것처럼 살면 오래 살 수 있을 것입니다. 생명력이 강하고 끈질긴 것으로 치면 바퀴벌레를 빼놓을 수 없겠죠. 바퀴벌레는 지구에서 가장 오래된 생명체 중 하나라고 합니다. 공룡이 나타나기 전부터 지금까지도 아주 잘 살고 있습니다. 그렇다면 인간도 바퀴벌레처럼 어둠 속에 숨어 산다면 오래오래 살 수 있다고 주장해도 될까요? 당연히 답은 '아니요'입니다.

바퀴벌레보다도 더 오래되었고, 단 한 번도 사라지지 않았고, 앞으로도 사라지지 않을 것 같은 것이 하나 있습니다. 그것이 무엇일까요? 여기서 어떤 사람은 '잠자리'라고도 하지만 정답이 아닙니다. 정답이 뭘까요? 우리나라에는 1,400살이 넘는 두위봉 주목이 있고, 세계적으로는 4,800살 이상 되었다는 브리슬콘 소나무인 므드셀라(Methuselah)가 있습니다. 므드셀라는 지구상에 가장 오래된 생명체라고 합니다. 역동적인 동물보다는 묵묵히 제자리를 지키는 식물이 더 오래 살지요. 그러나 그러한 나무도 정답은 아닙니다.

정답은 바로 자연 그 자체입니다. 자연은 단 한 번도 사라지지 않았고 인류의 존재 여부와 무관하게 미래에도 계속해서 그 흐름을 지속해 나갈 것입니다. 그렇다면 인간은 당연히 바퀴벌레, 잠자리, 나무보다는 바로 자연 그 자체를 본받아서 자연처럼 살아야 오래오래 살 수 있다는 결론에 도달하게 됩니다. 노자는 이렇게 말합니다.

사람은 땅을 본받고, 땅은 하늘을 본받고, 하늘은
도를 본받고, 도는 자연을 본받는다.[2]

결국 사람은 도와 자연에 따라 살아야 한다는 말입니다. 그럼 자연(自然)이란 무엇일까요? 한자를 통해 살펴보면, '스스로 자(自)'와 '그러할 연(然)'으로 구성되어 있으므로, 스스로(저절로) 그렇게 존재하거나 운행하는 것이 바로 자연입니다. 자연의 변화를 살펴보면 밤과 낮이 매일 바뀌고, 봄·여름·가을·겨울의 사계절이 뒤죽박죽 바뀌는 것이 아니라 순서대로 변화합니다. 이러한 자연의 운행은 모두 인간과 무관하게 스스로 또는 저절로 이루어지는 현상

앎이 삶이 되는 동양철학

입니다. 오히려 인간이 인위(人爲)적으로 개입하면 자연의 흐름에 방해가 될 뿐입니다. 우리 인간들이 생명을 보존하는 가장 좋은 방법은 바로 자연과 하나가 되어 자연의 섭리에 따라 살아가는, 즉 무위자연(無爲自然)의 삶을 사는 것입니다. 여기서 스스로 존재하고 운행하는 자연의 섭리가 바로 '도(道)'입니다. 그래서 도가 철학자들은 도에 따라 살아야 한다고 주장하는 것입니다.

도(道)를 아십니까?

자연의 운행 원리라 할 수 있는 도(道)는 간단하게 함부로 정의할 수 있는 것은 아닙니다. 우리가 눈으로 보고 귀로 듣고 냄새 맡고 하는 감각 경험을 통해 결코 자연의 섭리를 알 수 없듯이 자연과 일치되는 삶을 살면서 깨닫고 체득해야 합니다. 그래서 노자는 도덕경 1장에서 "도를 도라고 하면 항상적인 도가 아니다[道可道非常道]."라고 주장하였습니다. 이 말은 도라는 개념이 너무 깊은 뜻을 담고 있어서 인간의 언어로 표현하기에는 한계가 있다는 말입니다. 예를 들어, 누군가가 나를 말로 표현한다고 생각해 봅시다. 그 설명을 내가 듣는다면 나를 충분히 잘 설명했다고 말할 수 있을까요? 아마도 나에 대해 설명해 보려고 애쓰는 것은 인정해 줄 수 있겠지만 나를 완벽하게 말로 표현했다고까지는 말할 수는 없을 것입니다. 아마 자기가 자기를 말로 표현한다고 해도 완벽하게 설명하는 것은 불가능하지 않을까요?

이처럼 '도'라는 것은 말로 함부로 정의할 수도, 이름 붙일 수도 없는 개념입니다. 제가 대학교 3학년 때 처음으로 동양철학 수업을 듣게 되었습니다. 어느 날 교수님께서 아마도 도덕경 1장을 강의하셨던 것 같습니다. 그날 밤 남학생들이 기숙사에 모여 잡담을 하다가 우연히 낮에 들었던 동양철학 수업 이야기를 하기 시작했습니다. 신기하게도 똑같은 수업을 들었던 학생들인데 자기가 이해한 대로 "도라는 것은 이런 거야, 아니야 도는 저런 거야" 하며 논쟁이 시작되었습니다.

논쟁은 쉽게 끝나지 않았습니다. 여러 복학생들과 형, 후배들까지 이 논쟁에 참여해서 자기 생각이 옳다고 우기기 시작했습니다. 물론 저도 제대로 알지도 못하면서 이 논쟁에서 억지를 썼었죠. 이 기억이 오래오래 남는 이유는 철학이 재미있다는 생각을 못했는데, 철학을 소재로 논쟁하며 처음으로 흥미진진하게 밤을 새웠던 추억이기 때문입니다. 물론 결론은 내지 못한 채 교수님께 다시 물어보기로 하고 논쟁을 끝마쳤습니다. 지금 생각해 보니 도를 말로 정의하려고 했던 시도 자체가 불가능한 일에 도전한 것이었습니다.

노자는 그의 저서 『도덕경』에서 "도는 늘 함이 없지만, 되지 않는 것이 없다(道常無爲而無不爲)."라고 주장합니다. 여기서 함이 없음, 무위(無爲)는 자연의 특징을 잘 보여 주는 말입니다. 무위란 아

앎이 삶이 되는 동양철학

무엇도 하지 않는다는 뜻이 아니라 인위적이거나 억지로 하는 것은 없다는 말입니다. 자연은 억지로, 인위적으로, 어떤 목적을 달성하려고 끙끙대고 애쓰지 않지만 그렇다고 해서 안 되는 것도 없습니다. 자연은 묵묵히 너무나도 자연스럽게 유유히 흐르고 있습니다. 따라서 인간은 무위자연(無爲自然)의 삶, 자연을 본받은 삶을 살아야 한다는 것입니다.

노자가 도를 언어로 정의할 수 없다고 주장하고 있지만 우리가 어림잡아 짐작할 수 있도록 도를 물이나 어린아이, 다듬지 않은 통나무 등에 비유하고 있습니다. 먼저 '상선약수(上善若水)'라는 노자의 유명한 말이 나온 구절을 소개하겠습니다.

최고의 선은 물과 같다[上善若水]. 물은 만물을 이롭게 하지만 싸우지 않으며, 사람이 싫어하는 곳에 머무른다. 그러므로 도에 가깝다.[3]

노자의 주장처럼 물은 항상 낮은 곳으로 흐르고, 만물이 물이 없이는 살아갈 수 없듯이 모든 만물을 이롭게 해 줍니다. 따라서 물을 본받아 겸허(謙虛)와 부쟁(不爭)의 덕을 실천하며 살아야 합니다. 우리가 물처럼 자기 자신을 낮춘다면 다른 사람과 싸울 일이 없겠지요. 노자의 말 중에 개인적으로 좋아하는 말이 있습니다. "아는 사람은 말하지 않고, 말하는 사람은 알지 못한다."[4]라는 말입니다. 타인과 싸우기 싫다면, 욕먹고 싶지 않다면 자기를 내세우거나 아는 것을 자랑하지 말고 먼저 자신을 겸허하게 낮춰 보세요.

또 노자는 순수한 어린아이나 아직 인위적인 손길이 닿기 전 상태인 다듬지 않은 통나무처럼 살아야 한다고 주장합니다. 우리가 태어날 때는 순박한 본성을 지니고 있었으나 하루하루 커 가면서 이러한 자연적 본성을 잃어버리고 말았습니다. 그러다 보니 세속적인 가치에 물들어 남을 이기려 경쟁하고, 이기기 위해 수단과 방법을 가리지 않으며, 남을 거짓으로 속이기까지 합니다. 노자는 이러한 현상을 경계해 어린아이처럼 순수하게, 꾸미지 않은 통나무처럼 순박하게 살라고 주장한 것입니다. 이는 곧 도에 따라 살라는 뜻입니다. 노자는 다음과 같이 도와 덕을 설명합니다.

> 도는 만물을 낳고, 덕은 만물을 기른다.[5]

> 도는 하나를 낳고, 하나는 둘을 낳고, 둘은 셋을 낳고, 셋은 만물을 낳는다.[6]

노자는 도를 천지 만물의 근원이자 자연을 생성하고 운영하는 원리로 파악했기 때문에 도라는 것이 만물을 낳고, 도는 하나를 낳는다고 표현한 것입니다. 이러한 주장을 통해 도는 일(一)을 낳은 만물의 근원이자, 즉 무(無)의 상태에서 유(有)를 낳은 근원이라고

앎이 삶이 되는 동양철학

할 수 있습니다. 유와 무 둘 중에서 어떤 것이 더 중요하고 먼저인
지 노자의 주장을 들어 보시죠.

> 서른 개의 바퀴살이 함께 모여 하나의 바퀴를 이루
> 는데, 마땅히 그 없음[無] 때문에 수레의 쓰임이 있다.
> 찰흙을 반죽하여 그릇을 만드는데, 그 없음[無] 때문
> 에 그릇의 쓰임이 있다. 문과 창을 뚫어 방을 만드는
> 데, 그 없음[無] 때문에 방의 쓰임이 있다. 그러므로 있
> 음[有]이 이롭게 될 수 있는 것은 없음[無]이 쓰임이
> 있기 때문이다.[7]

노자는 무가 있기 때문에 유의 쓰임이 생긴다고 주장합니다. 가
득 찬 그릇, 가득 찬 방 등 채워져 있는 것은 더 이상 쓸모가 없고,
비워져 있어야 쓸모가 생깁니다. 즉, 유는 무를 기반으로 할 때 비
로소 의미가 생기는 것입니다. 이처럼 도와 무의 개념은 의미상 일맥
상통하기 때문에 도가 철학에 '무(無)'라는 글자가 자주 등장합니다.

아울러 덕은 도의 기운이자 작용이라고 할 수 있습니다. 도가에
서 주장하는 덕은 자연스러움을 유지하는 작용을 하는 덕이지 결
코 유가에서 말하는 인위적인 덕은 아닙니다.

큰 도가 무너지자 인(仁)과 의(義)가 나타나고, 지혜

가 출현하자 거대한 위선이 나타나고 친족이 화목하
지 못하게 되자 자애와 효 같은 것이 나오고, 국가가
혼란해지니 충성스러운 신하가 나타난다.[8]

노자는 유가에서 강조하는 인, 의, 지혜, 충성과 같은 덕목들은
자연스러운 덕목이 아니라 인간들이 만들어 낸 인위적인 덕이라고
지적합니다. 아울러 이러한 덕이 사회질서를 바로잡는 것이 아니라
고 강조합니다. 노자의 주장은, 세상이 혼란해지니까 인과 의라는
덕목들이 강조되고, 가족이나 친족끼리 사이가 좋지 않으니까 자애
와 효도라는 것들이 강조되며, 나라가 혼란하니까 충신이라는 것이
필요하게 되었다는 말입니다. 만약 세상이 혼란하지 않고 자연스러
운 상태였다면 유가에서 강조하는 덕목들은 아마도 나타나지 않았
을 것입니다. 나아가 노자는 유가의 덕목들이 혼란을 해결하는 것
이 아니라 오히려 혼란만 초래하는 원인임을 강조하였습니다.

상덕(上德)은 무위하여 무엇을 위해 행함이 없다.
하덕(下德)은 유위하여 무엇을 위해 행함이 있다.[9]

이처럼 노자가 주장하는 덕은 자연스러운 무위의 덕이지, 인간
이 어떤 목적과 의도를 가지고 만들어 낸 인위적인 덕이 아닙니다.
인간은 무슨 문제가 생기면 인위적으로 무언가를 만들어 내지만

앎이 삶이 되는 동양철학

그것이 정말 세상을 평화롭게 만들어 줄까요? 법을 많이 만들면 범죄자가 사라질까요? 인위적인 것이 고도로 발달한 오늘날 세상은 정말 살기 좋아졌나요? 물론 육체적으로는 편해진 부분도 있습니다. 하지만 정신적으로도 그렇습니까? 고대에 노자는 어떻게 알았는지 다음과 같이 말합니다.

> 백성들에게 이로운 기구가 많을수록 국가는 더 혼란해지고, 사람에게 재주와 기교가 많을수록 기이한 물건이 더 많이 생겨나며, 법령이 많아질수록 도적이 더 많아진다.[10]

컴퓨터가 처음 나왔을 때 인간의 노동이 많이 사라질 것이라고 믿었지만 모든 문서가 컴퓨터로 바뀌면서 우리는 더 많은 문서를 만들어야 했고, 보안이나 해킹, 새로운 프로그램에 대한 부적응, 개인 정보 침해, 몰래카메라로 인한 사생활 침해와 성범죄 등으로 스트레스를 받고 있는 것은 아닐까요? 처벌할 수 있는 법이 없는 경우, 교묘하게 법을 피해 나쁜 짓을 하는 사람도 있지 않을까요? 법은 날로 늘어만 가는데 흉악한 범죄들이 끊이지 않고 나타나고 있습니다. 원자력 발전소, 핵무기, 화학 무기 등 과거에는 상상도 못했던 것들이 인류의 생존 자체까지 위협하는 무시무시한 현실은 너무나 역설적이지 않습니까? 기후는 또 어떻습니까? 이상 기온, 황

사, 미세먼지 등 머리가 아파 옵니다. 인위가 판치는 오늘날, 몸도 마음도 그리 편해진 것 같지는 않습니다.

최고의 통치자는?

최고의 통치자는 어떤 통치자라고 생각하나요? 노자는 이상적인 통치를 행하는 주체가 성인이 되어야 한다고 본다는 점에서는 유가와 다를 바가 없지만 그 속 내용을 들여다보면 크게 다른 점을 발견할 수 있습니다.

> 성인(聖人)이 말하기를 내가 무위하니 백성이 저절로 교화되고, 내가 고요함을 좋아하니 백성이 스스로 바르게 되고, 내가 일을 도모하지 않으니 백성들이 저절로 부유해지고, 내가 욕심을 부리지 않으니 백성들이 저절로 순박해진다.[11]

우리가 만약 통치자가 된다면 훌륭한 업적을 남기기 위해 당연히 다양한 정책을 펴야 할 것 같은 생각이 듭니다. 백성들이 서로 화합하고, 백성들을 부유하게 만들기 위해 어떤 정책을 만들어야 하나 고민하겠지요. 하지만 노자는 통치자라면 당연히 무위로 통치

앎이 삶이 되는 동양철학

해야지 무슨 일을 벌이려고 해서는 안 된다고 주장합니다. 노자는 통치자에 대해 다음과 같이 등급을 나누어 설명하고 있습니다.

> 최상의 지도자는 (백성들이) 그가 있다는 것 정도만 아는 것이다.
> 그다음 단계는 (백성들이) 그와 친하게 지내고 그를 칭송하는 것이다.
> 그다음 단계는 (백성들이) 그를 두려워하는 것이다.
> 그다음 단계는 (백성들이) 그를 업신여기는 것이다.[12]

일반적으로 우리는 국민들과 친밀하게 소통하고 국가를 위해 많은 공을 세워 칭송받는 일을 많이 한 통치자를 최고의 통치자라고 생각합니다. 우리나라에는 세종대왕같이 수많은 업적을 남긴 왕이 있습니다. 하지만 노자는 최고의 통치자는 그러한 통치자가 아니라 있는 듯 없는 듯 존재하는 통치자라고 합니다. 왜 그렇게 주장할까요? 통치자가 큰 공을 세울 수 있었다는 것은 국가에 다양한 문제가 있어서 그것을 해결했다는 것을 의미합니다.

반면에 통치자가 존재한다는 정도만 알려졌다는 것은 나라가 평화롭기 때문에 굳이 통치자가 나서서 해결해야 문제도 없고, 국민들이 통치자에게 요구할 일도 없는 상태라는 것을 의미합니다. 따라서 존재한다는 것 정도만 알려진 통치자가 최고의 통치자라

할 수 있습니다. 최고의 통치자는 어떤 일을 억지로 벌이거나 도모하려고 하지 않기 때문에 이러한 정치 형태를 '무위지치(無爲之治)'라고 합니다. 자연의 운행이 저절로 계속되는 것 또한 자연이 특별한 목적도 없이, 무언가를 도모하지 않고 무위자연의 섭리에 따라 흘러가기 때문이 아닐까요?

노자에 따르면, 최고의 통치자는 나라를 무위로 통치하면서 백성들을 무지(無知)하고 무욕(無欲)하게 합니다. 오늘날 우리는 국가를 통치하는 정치인들을 잘 믿지 못합니다. 그래서 시민단체를 만들어 눈 똑바로 뜨고 정치인들을 감시해야 한다고 주장합니다. 백성들은 정치인들만큼 똑똑해져야 하고 적극적으로 정치에 참여해 그들의 부정부패를 감시해야 한다고 합니다. 이처럼 누군가가 자신의 욕심을 채우기 위해 꾀를 부려 많은 사람을 속이려고 하면, 다른 사람도 속지 않기 위해서는 한 수 높은 꾀가 필요하겠지요.

거짓말은 또 다른 거짓말을 낳듯이, 누군가는 계속해서 속이고 누군가는 속지 않기 위해 애쓰는 무의미한 과정이 지속되면 쓸모없는 지식만 쌓이게 될 것입니다. 인위 때문에 생긴 부작용을 무위가 아니라 인위로 막으려고 하면 분쟁과 혼란만 가중될 수 있습니다. 예컨대, 수도꼭지가 고장이 나서 물이 넘치면 수도꼭지를 막아야지 손걸레로 닦고, 마포 걸레로도 닦고, 그것으로도 부족하여 집안의 모든 수건과 옷까지 동원해서 닦는다고 근본적으로 해결이 될까요? 오히려 집안 전체에 혼란만 가중될 것입니다.

앎이 삶이 되는 동양철학

노자가 생각하는 이상적인 국가는 인위가 판치는 혼란한 국가가 아니라 통치자도 백성도 순박하고 욕심 없이 자연에의 흐름에 따라 사는 세상입니다. 노자는 작은 나라에 적은 백성을 지닌 '소국과민(小國寡民)'을 이상적인 국가의 모습으로 제시했습니다.

> 작은 나라에 적은 백성을 지닌 국가는 수십, 수백 명이 쓸 기구가 있어도 사용하지 않으며, 백성들로 하여금 죽음을 중시하여 멀리 옮겨 다니지 않게 한다. 비록 배와 수레가 있어도 그것을 탈 일이 없고, 갑옷 입은 병사가 있어도 진을 칠 일이 없다. 백성으로 하여금 다시 새끼줄을 묶어서 그것을 사용하도록 하고, 그 음식을 달게 먹게 하고, 그 옷을 아름답게 여기게 하고, 그 거주지를 편안히 여기게 하고, 그 풍속을 즐기게 한다. 이웃 국가와 서로 보이고, 닭과 개의 소리가 서로 들릴 정도의 사이라도 백성이 늙어 죽을 때까지 서로 왕래하지 않는다.[13]

노자가 묘사한 이 국가에서는 문명의 발달을 추구하지 않으며, 백성들은 자신이 평소에 먹는 소박한 음식, 순박한 옷차림과 사는 곳에 자족(自足)하며 욕심 없이 살아갑니다. 우리는 문명이 엄청나게 발달해 인공지능의 도움까지 받으며 편리한 생활을 누리고 있으면서도 한편으로는 더 많은 근심과 걱정을 하며 살아갑니다. 과학이 발달하면 인간은 편히 쉬면서 일은 조금만하고 살 수 있을 줄 알았지만 할 일은 이전보다 더 많아지고, 복잡해지고, 경쟁은 더 심화되고, 유치원생까지 학원에 다니느라 편히 쉬지 못하고 있습니다. 한번 시작된 문명화는 그 끝이 보이지 않는 경쟁과 욕심을 유발하고 있는 것은 아닐까요?

저의 쓸쓸한 경험을 하나 이야기해 보겠습니다. 16년 동안 타던 자동차를 처분하고 신차를 한 대 뽑았습니다. 다음 날 설레는 마음으로 가족들과 주말 나들이를 나갔습니다. 16년 만에 새로 차를 샀더니 차에 다양한 기능과 사용법도 모르는 전자식 버튼이 있어서 타고 가는 내내 마음이 불편해지기 시작했습니다. 게다가 안전하게 주차할 곳은 있을까, 혹시 누가 자동차를 긁으면 어떻게 하지 등등 새로운 기계가 저를 정신적으로 더 불편하게 만들었습니다.

새 자동차에 마음을 빼앗겨 주변의 아름다운 자연 풍경은 하나도 감상하지 못한 채 어색하게 계속 운전을 하고 있었습니다. 그런데 갑자기 뒤에서 어떤 자동차가 '쿵' 하고 제 차를 받았습니다. 하루도 안 돼서 사고의 흔적을 남기고 말았습니다. 그 흔적과 함께 제 마음에도 깊은 근심이 생겼습니다. 늘 그렇게 생각해 왔지만 새로운 기계가 결코 좋은 것만은 아니라는 생각이 또 들었습니다.

앎이 삶이 되는 동양철학

좋은 일과 나쁜 일은 구분되는가?

노자는 '반(反, 돌이킬)'이 곧 '도의 움직임'이라고 설명합니다. 자연을 살펴보면 겨울이 지나면 봄이 오고, 밤의 어둠이 지나면 아침의 밝음이 어김없이 찾아오고, 오르막이 있으면 내리막이 있듯이 계속되는 순환의 연속입니다. 우리의 삶도 마찬가지라고 생각됩니다. 반(反), 즉 반전의 연속입니다. 무언가를 채우기 위해서는 먼저 비워야 하고, 자신을 겸손하게 낮출 때 오히려 올라가게 됩니다. 주위에 자신을 절대 낮추지 않고 잘난 척만 하는 사람도 있지요? 이 사람이 평생 진짜 높아질 수 있다고 생각하나요?

혹시 오늘을 사는 것이 힘들고 고통스러운가요? 행복한 일은 없고, 되는 일이 하나도 없나요? 하지만 지금 이 순간 힘들고 나쁜 일이 예상치도 못하게 언젠가는 좋은 일이 될 수 있습니다. 노자는 "재앙은 복이 의지하는 바이고, 복은 재앙이 숨는 곳이다."¹⁴라고 말합니다. 인생에는 좋은 일만 있는 것도 아니고, 나쁜 일만 있는 것도 아닙니다. 우리가 좋은 일이라고 생각하는 그 일이 절대적으로 좋은 일이 아닐 수 있습니다. 우리가 평소에 당연히 옳다고 생각하는 것들이 틀릴 수 있음을 인정해야 합니다. 우리는 물이 돌보다 약한 것이라고 생각합니다.

천하에 물보다 부드럽고 약한 것은 없다. 하지만 굳

고 강한 것을 공격하는 데 이보다 뛰어난 것은 없다. 그것을 바꿀 수는 없다. 약한 것이 강한 것을 이기고, 부드러운 것이 굳센 것을 이긴다. 천하가 모르지 않지만 능히 행하지는 못한다.[15]

물은 부드럽고 약하지만 한 방울 한 방울 아래로 떨어지다 보면 굳센 바위를 뚫기도 합니다. 유약한 물이 만들어 내는 자연의 신비로운 모습을 보면 우리는 놀랄 뿐입니다. 우리는 자연이 보여 주는 신비한 모습을 있는 그대로 보고 본받아야 합니다.

만약 우리가 로또 1등에 당첨이 되었다면 정말 좋은 일이라고 생각할 것입니다. 하지만 쉽게 번 돈이기에 흥청망청 유흥비로 탕진하다 보면 인생을 망칠 수 있습니다. 어떤 로또 1등 당첨자는 돈이 많은 것을 무기로 젊은 여성과 결혼하기 위해 가정을 포기했다는 이야기도 들었습니다. 물론 그렇게 시작된 결혼 생활은 돈이 떨어지는 순간 파경을 맞겠지요. 또는 가족끼리 그 돈을 서로 차지하려고 욕심을 부리다가 살인 사건이 벌어질 수도 있습니다.

이처럼 복이라고 생각하는 것이 복이 아닐 수 있으며 그 속에 재앙이 숨어 있을 수 있습니다. 따라서 우리는 지금 힘들고 어려운 일이 내게 찾아왔을 때 너무 괴로워하지 않는 지혜가 필요합니다. 이것이 오히려 내게 좋은 일이 생기는 계기가 될 수 있으니까요. '인생 만사 새옹지마(塞翁之馬)'라는 말이 틀리지 않다고 생각합니다.

앎이 삶이 되는 동양철학

노자는 우리가 생각하는 시비(是非, 옳고 그름), 선악(善惡, 착하고 악함), 미추(美醜, 아름답고 추함)의 구분에 대해 다음과 같이 의문을 제기합니다.

> 천하가 모두 아름다움을 아름다움이라고 알지만 이
> 는 추한 것이다. 모두가 선을 선이라고 알지만 이는
> 선이 아니다. 그러므로 있음과 없음은 서로를 낳고,
> 어려움과 쉬움은 서로를 이룬다.[16]

우리가 좋은 일이라고 생각한 것이 그렇지 않을 수 있듯이, 우리가 아름답다고 생각하는 것이 추한 것일 수 있고, 우리가 선하다고 생각하는 행동이 사실은 선한 행동이 아닐 수 있습니다.

저의 초임 교사 시절의 이야기를 하나 해 보겠습니다. 학교 전체에 부모님이 안 계신 소년 가장이 다섯 명 있었는데 이 학생들에게 상품권을 주라고 학교로 상품권이 내려왔습니다. 저는 그 상품권을 전달해야 하는 일을 맡고 있었는데, 방과 후에 교장실에서 교장 선생님이 직접 다섯 명에게 전달하겠다고 하셨습니다. 저는 쉬는 시간에 학생들을 한 명씩 불러서 자초지종을 설명하고 수업이 다 끝나면 꼭 교무실로 모이라고 전달하였습니다.

수업이 모두 끝나고 교장실로 갈 시간이 되었습니다. 무슨 일이 벌어졌을까요? 아무리 기다려도 단 한 명의 학생도 오지 않았습니

다. 교장 선생님은 기다리고 계시고 학생들은 한 명도 오지 않고, 저는 너무 당황해서 마음속으로 학생들에게 화를 내고 있었습니다. 그리고 얼마 후에 전화 한 통이 왔습니다. 한 소년 가장의 보호자인 고모께서 전화를 하신 것입니다. 전화 내용은 우리는 그런 지원 필요 없으니 아이한테 마음에 상처를 주지 말라는 것이었습니다. 저는 이 사건으로 큰 깨달음을 얻었습니다. 처음에는 상품권을 주는 것이 당연히 좋은 일이라고 생각했는데 사실은 학생들에게 마음의 상처를 주는 일이라는 것을 뒤늦게 깨달은 것입니다. 제 생각이 너무나 짧았던 것이죠. 선이라고 생각했던 것이 선이 아니었습니다.

세상에 선악, 시비, 미추 등의 구분은 절대적일까요? 그러한 구분은 단지 상대적인 것이 아닐까요? 똑같은 수학 문제를 풀더라도 누구는 쉽다, 누구는 어렵다고 할 텐데 누구 말이 맞는 것일까요? 누군가가 쉽다고 하니 어렵다는 사람도 나타난 것이 아닐까요? 누군가 이 사람은 아름답다고 하니, 상대적으로 저 사람은 못생겼다는 말이 생겨난 것은 아닐까요? 모범생이 있으니 문제 학생이란 말도 생긴 것이 아닐까요? 우리는 사람이 인위적으로 만들어 낸 상대적인 구분에 사로잡혀 있는 것은 아닐까요? 우리는 노자의 가르침을 바탕으로 남들이 만들어 놓은 기준에 좌지우지되어 정작 중요한 사물의 참모습을 제대로 보지 못하는 어리석음에서 벗어나야 합니다.

부자가 되는 방법은?

우리는 자본주의 시대를 살고 있습니다. 자본주의가 지지하는 자유주의 시장경제는 우리에게 삶의 풍요를 가져다 준 것도 사실이지만 자유 경쟁에서 뒤처진 사람과 경쟁에서 승리한 사람 간의 부익부빈익빈과 같은 양극화 현상을 초래하였습니다. 전 세계적으로도 마찬가지입니다. 선진국의 어떤 사람은 음식이 남아돌아 폐기처분하고, 아프리카의 어떤 사람은 굶주림과 질병으로 고통을 받으며 살고 있습니다. 우리가 태어날 국가를 선택한 것도 아닌데 빈곤국의 주민들은 기본적인 의식주도 해결하지 못한 채 비인간적인 삶을 살아야 하는 비극적인 상황에 처해 있습니다. 가슴 아픈 현실이 아닐 수 없습니다.

노자는 우리처럼 자본주의에 빠져 조금이라도 더 많은 부를 얻으려고 노력하는 사람에게 다음과 같이 조언합니다.

> 만족할 줄 모르는 것보다 더 큰 재앙은 없고, 얻고
> 자 하는 욕구보다 더 큰 허물은 없다. 그러므로 만족
> 할 줄 아는 만족이 항구적인 만족이다.[17]

만족할 줄 아는 것, 말은 쉽지만 실천하기는 매우 어려운 말입니다. 현재 자신의 삶에 모두들 만족하고 있나요? 자신의 성적, 자신

의 연봉, 자신의 경제적 부, 자신의 재능, 자신의 외모, 자신의 사회적 지위, 자신의 집 등등 모두 만족스럽나요? 대부분 만족하지 못하고, 조금 더 있으면 좋겠다고 생각하는 이유는 무엇 때문일까요? 아마도 우리의 욕심은 끝이 없기 때문이겠지요.

노자가 생각하는 우리 인간의 자연스러운 모습은 순수하고 소박한 어린아이 같은 상태입니다. 그런데 어쩌다가 우리는 욕심 많은 학생, 욕심 많은 어른이 되어 버렸을까요? 왜 본래의 순수성을 잃게 되었을까요? 공산주의자 마르크스의 주장처럼 자본주의가 우리를 이렇게 만들었을까요? 마르크스의 주장처럼 사유재산제도가 폐지된 공산주의 사회가 도래해야 이 문제가 해결되는 것은 아니라고 생각합니다.

순박한 본성을 회복하는 데 중요한 것은 우리의 자연스러운 본성이 지금처럼 탐욕스럽지는 않았다는 점을 깨닫고 현실을 조금씩 바꿔 보려고 노력하는 것이라고 믿습니다. 노자의 주장처럼 인위가 판을 치다 보니 우리는 순박한 본성을 잃어버리고 말았습니다. 이제 노자의 주장에 귀를 기울여 우리들의 원래 본성대로 살기 위해 노력해 보는 것은 어떻겠습니까?

신상이 쏟아져 나오는 자본주의 시대를 살아가면서 욕심을 버리기란 쉽지 않습니다. 매일 새롭게 나오는 신제품들과 화려한 TV 광고는 우리를 끊임없이 강하게 유혹하고 있습니다. 최신 스마트폰 광고를 보면 갖고 싶은 마음이 드는 것은 당연합니다. 그러나 우리

앎이 삶이 되는 동양철학

는 갖고 싶은 것을 다 살 수 있을 만한 재력을 지니고 있지 못합니다. 갖고 싶은 것을 갖지 못하면 만족스러운 삶을 살기 어렵습니다. 그래서 우리는 드라마에 나오는 대기업 회장이 사는 집과 화려한 삶을 보며 대리 만족을 하고, 한편으로는 부러워하며 살고 있습니다. 그러나 우리는 누구나 대기업 총수처럼 부자가 될 수는 없습니다. 그렇다면 어떻게 살아야 할까요?

부자가 되고 싶나요? 노자는 우리에게 부자가 되는 방법을 알려주었습니다. 노자는 "만족을 아는 사람은 부유하다(知足者富)."라고 하였습니다. 내가 비록 대기업 회장이라고 할지라도, 대박집 사장이라고 할지라도 자신의 삶에 만족하지 못하고 조금 더 벌어야 만족할 수 있다고 생각한다면 결국 가난한 사람과 다를 바가 없는 것이고, 내가 비록 매달 빠듯하게 살아가는 월급쟁이나 소상공인이더라도 자신의 삶에 스스로 만족한다면 부자라고 할 수 있습니다. 돈이 많아야 부자가 아니라 스스로 현실에 만족할 줄 알아야 부자입니다. 우리 모두 진짜 부자가 되어 봅시다.

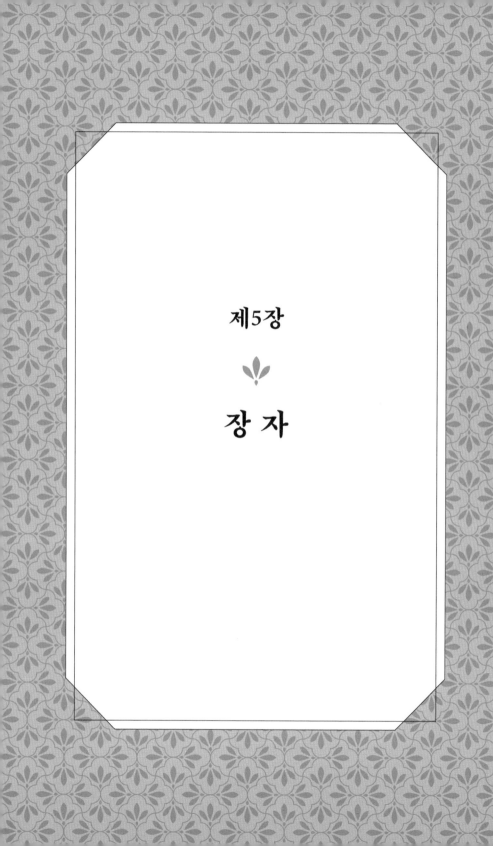

제5장

장자

장자(莊子)

중국 전국시대 도가 사상가(기원전 369~289년경)로 송(宋)나라에서 태어났다. 성은 장(莊)이고, 이름은 주(周)이며, 자는 자휴(子休)이다. 몽(蒙) 지방에서 옻나무밭을 관리하는 칠원리(漆園吏)라는 말단 관직을 지냈다고 추정된다. 도(道)를 따르는 삶을 통해 정신적 자유를 추구할 것을 강조하였다. 『장자(莊子)』에는 그의 사상이 잘 나타나 있다.

제5장

장자

쓸모는 정해져 있을까?

장자(기원전 369~289년경)는 전국시대 말에 활동한 도가 사상가로 이름은 주(周)입니다. 그의 활동 시기는 유가 사상가 맹자와 거의 같습니다. 장자의 철학은 현대 사회를 사는 우리들에게 자신의 생각이 틀에 박힌 고정관념에 불과한 것은 아닌지 반성하는 계기를 제공하고 있습니다. 나아가 우리의 사유를 제한하는 틀에서 과감하게 벗어나 자유롭게 상상하고 사유할 수 있도록 큰 깨달음을 줍니다.

서양철학은 논리적인 글로 자신의 주장을 전달하기 때문에 명료하기는 하지만 사유의 폭을 제한할 수도 있습니다. 하지만 장자는 동식물이 등장하는 우화나 비유, 다양한 예시를 통해 우리에게 기존에 한번도 해 보지 못한 새로운 사유를 할 수 있는 기회를 제공하기 때문에 서양철학과는 다른 깊은 울림과 감동을 선사합니다. 장자의 글은 읽고 또 읽어도 읽을 때마다 새로운 깨달음을 얻게 하는 동양철학의 진수라고 할 수 있습니다.

장자에 나오는 재미있는 이야기로 시작해 보겠습니다. 등장인물인 혜자는 명가라는 학파에 속하는 사상가로 장자와 친한 사이로 알려져 있습니다. 장자와 혜자가 논쟁을 하는 장면입니다. 혜자는 장자가 하는 말이 너무 허황되다고 생각해 다음과 같이 비꼬며 말을 겁니다.

혜자가 장자에게 말했다. "위나라 임금이 준 큰 박의 씨를 내가 심었더니 다섯 섬을 담을 수 있는 엄청나게 큰 박이 열렸다네. 그 박에 물을 담았더니 무거워서 스스로 들 수가 없고, 그것을 쪼개 바가지를 만들었더니 바가지가 평평해서 아무것도 담을 수가 없었네. 정말로 크기만 하고 아무 소용이 없어서 나는 그것을 깨뜨려 버렸네."

이 말은 장자의 주장이 너무 과장이 심해서 아무 소용없음을 비유를 들어 비판한 것입니다. 이를 듣고 장자는 혜자에게 다음과 같이 응수합니다.

앎이 삶이 되는 동양철학

장자가 말했다. "자네는 큰 것을 사용하는 것이 서툴군. 손이 트지 않는 약을 잘 만드는 송나라 사람이 있었다네. 대대로 그 약을 손에 바르고 솜 빨래를 하며 살았네. 어떤 손님이 이 소식을 듣고 그 약을 만드는 비법을 금 백 냥을 주고 사고 싶다고 청하였네. 그러자 가족을 모아 놓고 의논하였지. 우리가 대대로 빨래 일을 하였으나 작은 돈밖에 벌지 못했는데, 이제 하루아침에 금 백 냥을 벌 수 있게 되었으니 그 요청을 수용해 (손이 트지 않는) 비법을 팔도록 하자!

(그래서) 손님은 그 비법을 얻게 되고, 오나라 왕에게 이를 설명하였네. (오나라에) 월나라와의 난이 일어나자 오나라 왕은 그를 장군으로 삼았다네. 겨울철에 물에서 싸우게 되어 월나라 사람은 대패하게 되었고, (그는) 땅을 하사받아 다스리게 되었네.

손이 안 트는 비방은 하나인데 어떤 사람은 벼슬에 봉해졌고, 어떤 사람은 솜 빨래하는 일을 면하지 못했네. 즉, 사용하는 용도가 달랐던 것[所用之異]이네. 지금 자네에게 다섯 섬을 담는 박이 있는데, 어째서 그것으로 큰 술 그릇을 만들어 강과 호수에 띄울 생각은 못 하고, 평평해서 아무 소용이 없다고 걱정하는가. 자네는 쑥대처럼 비뚤어진 마음을 지닌 것 같네."[1]

이 이야기는 우리들에게 많은 반성과 고민을 하게 만듭니다. 자신의 생각이 자기도 모르는 사이에 어떤 틀에 박혀 그 틀을 벗어나지 못하고 있지 않으신지요? 혹시 주위에 있는 나이 어린 학생들, 자녀들, 후배들, 지인들의 진정한 쓸모를 찾아 준 경우가 있나요? 천재들 주위에는 그 천재성을 발견해 준 사람이 꼭 있다는 말이 있듯이 우리는 주위 사람에 대한 선입견과 편견에 사로잡혀 그들의 진정한 쓸모를 발견해 주지 못하고 있을 수 있습니다. 생각을 바꿔서 그들의 능력을 다시 봐주세요.

또 물건도 마찬가지라고 생각합니다. 미래에 필요한 최첨단 기기를 만들고 싶으신가요? 아무도 상상하지 못한 신제품을 개발하고 싶으신가요? 지금까지 없었던 서비스를 제공하는 AI를 만든다고 생각해 봅시다. 그것은 과학기술의 발전만으로 절대로 가능하지 않습니다. 사람이 진심으로 좋아하고, 기꺼이 돈을 내고 살 만한 서비스가 일단은 무엇인지 알아야겠지요. 그러기 위해서는 먼저 사람의 마음을 깊이 이해할 수 있는 인문학적 마인드와 이를 바탕으로 한 인문학적 상상력이 뒷받침되어야 합니다. 인문학의 대표는 철학이고, 그중에서 가장 뛰어난 상상력을 지닌 철학자가 장자라고 생각합니다.

그런데 남의 쓸모, 물건의 쓸모보다 더 중요한 것은 나 자신의 쓸모입니다. 나 자신의 진정한 쓸모를 찾으셨나요? 나의 재능은 다른 사람에 비해 부족하기만 한가요? 저는 고등학교에 근무하면서 중학교에서 고등학교로 올라와 자신의 성적 하락에 좌절하는 경우를 많이 보았습니다. 제가 만난 학생들은 자존감이 많이 떨어졌었는데 장자의 이 쓸모없음의 쓸모에 대한 글을 보면서 많은 용기를 얻었다고 하더군요. 누구나 공부 또는 무엇인가를 잘하던 시절이 있었는데 시간이 지나 나이를 먹고 좀 더 큰 무대로 나와 보면 왜 그리 잘난 사람이 많은지, 정신적으로 위축되기 십상입니다.

자신의 쓸모를 과소평가하는 이유가 무엇일까요? 남들이 정해 놓은 기준에 자꾸 자신을 맞추다 보면 자신의 쓸모는 적어 보일 수밖에 없습니다. 그러다 보면 자존감이 약해져 사는 것이 너무너무 힘들어질 때가 있습니다. 학창 시절 자신의 쓸모를 판단했던 기준은 대부분 성적이었겠죠. 많은 사람이 공부를 잘해야 한다고 주장하지만 공부를 잘했던 사람이 행복하게 잘 산다는 보장이 있나요? 자신의 진정한 쓸모를 남들이 정해 놓은 기준에 맞추지 말고 자유롭게 상상해 새로운 쓸모를 찾아보세요!

자신이 쓸모가 없다고 느껴질 때 장자의 이 구절이 우리에게 자존감 회복을 위한 힘을 줄 수 있습니다. 장자는 정신적인 절대 자유의 경지를 '소요유(逍遙遊)'라고 표현하였습니다. 자기를 가두는 생각의 틀을 던져 버리고 소요유의 경지를 누려 보세요 남들이 정해 놓은 가치관을 기준으로 나의 쓸모를 생각할 필요는 없습니다. 남들의 가치 기준에 맞추다 보면 나는 쓸모가 별로 없는 사람이라고 생각될지도 모르지만 생각을 바꾸면 나의 큰 쓸모가 보일 것입니다. 단점처럼 보이는 것이 생각을 바꾸면 상상도 못한 장점이 될 수도 있습니다. 기존에 정해져 있던 사고의 틀을 깨고 자유로운 정신을 지닐 때 우리는 우리의 진정한 쓸모를 찾을 수 있을 것입니다.

🦋 차별하지 않고 살고 있나?

우리는 어떻게 해야 정신적 자유를 누릴 수 있을까요? 돈, 명예, 권력 등 세속적인 가치들에 눈이 멀면 정작 중요한 것들을 잊고 살 수밖에 없습니다. 다시 말해 돈, 명예, 권력과 같은 외물에 얽매여서 그것을 추구하다 보면 자기도 모르는 사이에 돈의 노예, 권력의 노예가 되고 마는 것이죠. 장자는 이러한 우리들에게 세속적 가치 기준에서 벗어나 정신적 자유를 되찾아서 누리라고 주장합니다. 그러나 하루 이틀 이렇게 살아온 것이 아니므로 지금까지 지녀 온 가치관을 쉽게 버리지 못합니다. 이를 위해 우선 자신의 편견을 버려야 합니다. 자신이 옳다고 굳게 믿는 사실들이 옳지 않을 수 있다는 진실을 먼저 깨달을 필요가 있지요. 장자는 다음과 같이 주장합니다.

> 만약 나와 네가 논쟁을 하여, 네가 나를 이기고 나는 너를 이기지 못했다면, 네가 정말 옳고 나는 정말 그른 것일까? 내가 너를 이기고 너는 나를 이기지 못

앎이 삶이 되는 동양철학

했다면, 내가 정말 옳고 네가 정말 그른 것일까? 아니
면 어느 한쪽은 옳고 어느 한쪽은 그른 것일까? 아니
면 두 쪽 다 옳거나 그른 것일까? 나와 네가 서로 알
수 없다면 다른 사람은 어둠에 빠질 수밖에 없다. 내
가 누구에게 그것을 바로잡을 수 있도록 시키겠는가?[2]

우리는 살다 보면 "내 말이 맞아, 아니야, 네 말이 맞아!" 하면서
사소한 논쟁을 벌이곤 합니다. 그 와중에 보면 "난 확실해."라고
말하기도 하죠, 그러면 상대방도 "나도 확실해."라고 힘주어 말합
니다. 둘 다 확실하다면 과연 누가 틀린 것일까요? 때로는 말발이
센 사람이랑 논쟁이 붙으면 말도 제대로 못 해 보고 어처구니가
없이 지기도 합니다. 그렇다면 과연 말싸움에서 졌다고 해서 내가
100% 틀렸다고 할 수 있을까요? 반대로 말싸움에서 이겼다면 내가
과연 100% 옳은 것일까요? 둘 다 아닌데도 우리들은 목숨을 걸고
싸우듯 논쟁을 합니다.

우리는 서로 다른 가치관을 가지고 있으므로 각자의 편견을 가
지고 싸울 뿐입니다. 세상에서 제일 맛있는 음식은? 가장 예쁜 여자
는? 가장 아름다운 색깔은? 이런 논쟁을 한다면 과연 끝이 있을까
요? 각자의 가치관을 반영한 편견에 빠져 있다면 무의미한 논쟁만
계속하게 될 것입니다. 우리는 자신이 갖고 있는 상대적 기준과 가
치관을 가지고 함부로 무엇이 옳다 그르다는 시비(是非)를 이분법

적으로 분별해서는 안 됩니다. 장자는 우리가 얼마나 많은 편견을
지니고 살고 있는지를 깨닫게 해 주려고 우리들에게 다음과 같은
질문을 던집니다.

　사람이 습한 곳에서 잠을 자면 허리에 병이 생기고
한쪽이 마비가 되는데, 미꾸라지도 그러한가? (사람
이) 나무 위에서 살면 벌벌 떨면서 두려워할 것인데,
원숭이도 그러한가? 셋 중에서 누가 거처를 바르게
아는 것일까? 사람은 소, 양, 돼지와 같은 가축을 먹고,
사슴은 풀을 뜯어먹고, 지네는 뱀을 달게 먹고, 솔개
와 까마귀는 쥐를 즐겨 먹는다. 넷 중에서 누가 맛을
바르게 아는 것일까? 수컷 원숭이는 암컷 원숭이를
짝으로 삼고, 고라니는 사슴과 사귀고, 미꾸라지는 물
고기와 노닌다. 사람은 모장과 여희를 아름답다고 하
지만 물고기는 그들을 보면 물속 깊이 들어가고, 새는
그들을 보면 높이 날아가며, 고라니와 사슴은 그들을
보면 재빨리 달아난다. 넷 중에서 누가 천하의 아름다
움을 바르게 아는 것일까?[3]

　이처럼 장자는 우화를 사용해 많은 메시지를 전달합니다. 굳이
하나하나 설명하지 않아도 장자의 주장을 깨달을 수 있을 것입니
다. 마지막 비유만 함께 생각해 보시죠. 모장과 여희는 중국의 이름

난 미인으로 남자들이 보면 한눈에 반해서 그 뒤를 따라갈 수밖에 없는 엄청난 미모를 갖춘 미녀들입니다. 그런데 동물들의 반응은 너무나 다릅니다. 보자마자 도망가느라 정신이 없습니다. 다시 말해 물고기, 새, 사슴과 같은 자연은 미인을 보고도 아름답다고 생각하지 않고, 미인이라고 칭송하지도 않습니다.

무엇이 아름다운 것인지에 대해 인간과 동물(자연) 중 누가 더 정확하게 알고 있는 것일까요? 언제나 인간이 옳다고 할 수는 없습니다. 모장과 여희가 아름답다는 생각은 단지 인간만의 생각일 뿐입니다. 우리는 이처럼 인간 중심적인 편견, 자기중심적인 편견을 가지고 시비, 선악, 미추 등을 구분합니다. 장자는 이런 차별에서 벗어나기 위해서는 인간의 관점이 아닌 자연의 관점, 즉 도의 관점에서 만물을 바라보아야 한다고 주장합니다.

여기서 잠시 짚고 넘어가야 할 것은, 시비와 선악의 구분에 대한 유가의 입장입니다. 도덕적인 삶을 강조하는 유학자들은 시비, 선악의 구분을 당연시합니다. 왜냐하면 옳음과 그름, 선과 악을 확실히 구분해야만 옳은 일과 선한 행동을 할 수 있기 때문입니다. 맹자가 시비를 가리는 마음인 시비지심을 인간이 선천적으로 지닌다고 주장했던 것을 기억하시나요? 이처럼 유가와 도가는 시비와 선악의 구분에서 정반대의 입장을 취하고 있습니다.

도가의 입장과 유가의 입장 중 어떤 입장이 맞다고 생각하나요? 사실 이 질문도 답할 수 없다는 것이 장자의 주장입니다. 왜냐하면 어떤 입장이 맞는지 틀리는지를 구분할 기준 자체가 없기 때문입니다. 정치를 보면 진보와 보수가 갈등을 하곤 하는데, 진보주의자 입장에서는 보수가 틀리고, 보수주의자 입장에서는 진보가 틀리다고 주장합니다. 하지만 진보와 보수 중 누구 말이 맞는지 판단할 절대적 기준은 없습니다. 이는 키가 큰 사람과 키가 작은 사람을 구분할 기준이 없는 것과 같습니다.

이제 우리의 편견이 얼마나 심한지 한번 테스트해 보겠습니다. 오리의 다리는 긴가요, 짧은가요? 또 학의 다리는 긴가요, 짧은가요? 우리는 당연히 오리 다리는 짧고 학의 다리는 길다고 생각합니다. 우리의 생각이 옳다면 학의 긴 다리를 조금 잘라서 오리에게 붙여 주면 학과 오리 모두 좋아해야 마땅하겠지만 과연 그럴까요? 장자의 이야기를 직접 들어 보시죠.

> 오리의 다리가 비록 짧지만 (길게) 그것을 이어 주어도 근심만 생기고, 학의 다리는 비록 길지만 (짧게) 잘라 주어도 슬픔만 생긴다. 그러므로 본성이 길어도 자르지 않아야 하고, 본성이 짧아도 이어 주지 않아야 한다. 근심할 것은 없다. 인의(仁義)는 인간의 자연적 감정(본성)이 아니다. 인을 지닌 사람은 얼마나 근심이 많겠는가?[4]

우리 인간의 관점에서 보면 '길다, 짧다'라는 상대적 구분이 생기지만 오리나 학의 관점에서 보면 모두 현재의 다리 길이가 가장 편안하고 딱 적당한 길이일 것입니다. 아마 오리가 말을 할 수 있다면 전혀 짧지 않다고 할 것이고, 학이 말을 한다면 전혀 길지 않다고 하겠죠. 이 상태에서 인간 마음대로 학의 다리를 길다고 판단해 학 다리를 잘라 오리에게 붙여 주면 우리가 보기에는 좋겠지만 학과 오리는 근심만 생길 따름입니다. 마찬가지로 인간에게 본래 없었던 인위적인 덕목인 인(仁)과 의(義)와 같은 유가의 도덕을 강요한다면 그것은 근심거리가 될 뿐이라고 장자는 주장합니다.

이 비유에서 중요한 것은 인간의 관점에서 사물을 보면 차별만 생긴다는 것입니다. 우리는 자신의 기준을 절대적인 것으로 착각해 누구는 옳고 누구는 그르다고 차별하고, 누구는 예쁘고 누구는 못생겼다고 차별하며, 누구는 잘났고 누구는 못났다고 차별합니다. 보수주의자는 보수를 기준으로, 진보주의자는 진보를 기준으로 상대방을 평가하니 서로 비난하고 싸우게 됩니다. 이처럼 인간의 자기중심적 사고방식 때문에 차별이 끝없이 발생합니다.

우리는 차이가 차별의 근거가 될 수 없다는 것을 잘 알고 있습니다. 그런데 정말 차이를 있는 그대로 인정하고 차별을 하지 않고 살고 있나요? 학교 교실에서 나와 성격이 다른 급우, 직장에서 언행이 나와는 반대인 사람, 나는 승진할 마음이 없는데 승진하려는 직장 동료, 주위에 가치관이 나와는 다른 사람, 너무 튀어서 내 마음에 들지 않는 사람 등 내 맘 같지 않은 사람은 우리 주위에 늘 있습니다. 그들이 위법행위를 한다거나 남에게 피해를 주는 것도 아닌데도 혹시 그들을 미워하거나 차별하고, 또는 다른 사람과 함께 그 사람의 특이한 점을 헐뜯거나 뒷담화를 한 적은 없나요? 자신 있게 아니라고 말하기 어렵다면 차별을 하고 있는 것이라고 생각합니다.

차별은 꼭 나쁜 마음을 먹고 의도적으로 차별적 행동을 했을 때만 발생하는 것이 아닙니다. 차별은 나의 기준대로 다른 사람이나 사물을 평가할 때도 생겨납니다. 이러한 차별은 내가 차별을 하고 있다는 것조차 잘 인지하지 못하기 때문에 더 위험하다는 생각이 듭니다. 내 마음대로 '좋다, 나쁘다'를 평가하고 '옳다, 그르다'를 평가하고, '착하다, 악하다'를 평가하다 보면 자기도 모르게 차별이 발생합니다. 인간의 기준으로 오리의 다리가 짧고, 학의 다리가 길다고 생각하는 순간 차별이 생겨나는 것과 마찬가지입니다. 만물의 있는 그대로의 모습을 자연스러운 것으로 인정하지 않고 자신의 기준으로 우열, 시비, 선악, 미추 등을 평가하는 순간 그것은 차별이 됩니다. 다른 사람을, 특히 내가 미워하는 사람을 혹시라도 내 기준으로 평가하고 있지는 않은지 반성해 보시기 바랍니다.

이러한 차별에서 벗어나기 위해 장자는 자신의 관점, 인간 중심적인 관점, 상대적인 관점, 즉 선입견과 편견을 버리고 도의 관점에서 만물을 보라고 주장합니다. 자연은 인간이라고 특별한 대우를 해 주지 않습니다. 자연은 인간을 다른 사물들보다 특별히 사랑하지도 미워하지도 않고 다른 사물과 평등하게 대합니다. 우리는 자연의 이러한 태도를 배워 차별에서 벗어나야 합니다. 도의 관점에서 만물을 볼 수 있을 때 우리는 절대 평등의 경지인 제물(齊物)에 도달할 수 있습니다.

사물과 내가 하나 될 수 있을까?

만물이 평등함을 주장한 장자는 여기서 더 나아가서 사물과 나 사이의 두꺼운 장벽까지도 무너뜨리려고 합니다. 아마도 장자가 제시한 이야기 중에서 가장 유명한 이야기일 것입니다.

> 장주(장자)가 꿈에서 나비가 되어 훨훨 날았다. 나비는 유쾌하고 어색함이 없어서 자신이 장주인지 깨닫지 못했다. 잠시 후 화들짝 꿈에서 깨어 보니 장주였다. 장주가 꿈에서 나비가 된 것인지 나비가 꿈에서 장주가 된 것인지 모르겠구나. 장주와 나비는 반드시 구분이 있기는 있을 것이다. 이를 가리켜 사물의 변화[物化]라고 한다.[5]

이 이야기는 '호접몽(胡蝶夢)'으로 잘 알려져 있습니다. 이 우화에 장자는 자신이 직접 출현하며 '제물론' 편의 마지막을 장식하고 있습니다. 참고로 장자의 이름은 장주(莊周)이고, 장자는 존칭입니다. 아마도 대부분 사람은 꿈인지 생시인지 구분하지 못하고 꿈에서 정신없이 도망을 다니거나 큰돈을 벌거나 하는 생생한 경험을 해 보았을 것입니다. 군대를 다녀온 남자들은 군대에 다시 가는 악몽을 자주 꾸고는 하는데, 아무것도 아니지만 꿈에서 깨면 그렇게 기쁠 수가 없습니다.

우리가 확실히 알고 있다고 생각하는 것이 확실하지 않을 수 있습니다. 꿈속에서의 나비와 장자, 즉 나비와 인간은 분명히 구분이 있을 것만 같은데 장자는 그 구분이 그렇게 확고하냐고 반문합니다. 인간이 나비가 될 수 있고, 나비도 인간이 될 수 있습니다. 다시 말해, 인간과 나비 사이의 경계를 허물면 인간과 나비는 하나가 될 수 있습니다. 지금 이 순간이 꿈이 아니라고 확신할 수 있습니까? 꿈이라면 과연 누구의 꿈일까요? 혹시 나비가 나의 꿈을 꾸고 있는 것은 아닐까요?

장자는 이렇게 인간과 자연의 경계가 허물어져 하나가 된 '물아일체(物我一體)'의 경지에 도달해야 함을 강조하였습니다. 장자는 일체의 차별과 분별에서 벗어나 정신적으로 자유로운 경지에 도달한 이상적인 인간을 지인(至人), 진인(眞人), 신인(神人), 성인(聖人) 등의 이름으로 불렀습니다. 장자는 "지인은 자기가 없고, 신인은 공에 연연하지 않으며, 성인은 이름이 없다."라고 설명하였습니다. 이들은 자신의 편견, 공적과 명예에 대한 집착에서 벗어나 만물을

　　　　　　　　　　앎이 삶이 되는 동양철학

도의 관점에서 차별 없이 평등하게 볼 줄 아는 사람입니다.

그렇다면 이러한 경지에 도달하려면 어떻게 해야 할까요? 우리는 지금까지 '잘생겼다, 못생겼다', '부자다, 가난하다', '키가 크다, 키가 작다'와 같이 어떠한 뚜렷한 기준도 없는 것들을 자기 맘대로 상대적으로 나누어 보았습니다. 게다가 자신의 판단이 옳다고 생각하며 사는 데 너무나 익숙해져 버리고 말았죠. 그러다 보니 자신의 삶의 방식과 견해가 다른 사람을 이해하지 못하기 일쑤입니다. 술을 좋아하는 사람은 자기가 무슨 잘못을 하면 술을 사는 것으로 해결하려고 합니다. 그런데 정작 상대방은 술을 싫어한다면, 아니면 술자리에서 얼렁뚱땅 해결하는 것을 싫어한다면 갈등은 오히려 증폭될 것입니다. 장자는 다음과 같이 우화를 통해 우리에게 자기중심적 사고를 버리라고 주장합니다.

옛날에 바닷새가 노나라 서울의 교외에 날아들어 머물렀다. 노나라 제후가 종묘로 맞아들여 술잔을 내오고, 구소의 음악(순임금 때의 음악)을 연주해 주고, (제사드릴 때처럼) 소, 돼지, 양고기를 잘 대접하였다. 이에 새는 어지럽고 근심과 슬픔에 빠져 감히 고기 한 점 먹지 못하고, 감히 술 한 잔 마시지 못하다가 사흘 만에 죽고 말았다.[7]

이렇게 바닷새가 사흘 만에 죽게 된 것은 노나라 임금이 자기의 생활 방식 그대로 새를 대하느라 바닷새의 습성을 무시했기 때문입니다. 우리는 자기중심적 편견으로 살아가는 데 너무 익숙해져 버렸고, 분별적으로 세상을 바라보는 데에서 벗어날 생각조차 못하며 분별하는 것이 당연한 듯 살고 있습니다.

다행히 장자는 이러한 상태에서 벗어나기 위해 필요한 수양 방법을 알려 주었습니다. 그 방법은 '좌망(坐忘)'과 '심재(心齋)'입니다. 먼저 장자는 우리가 옳다고 믿고 있던 인의(仁義)와 예악(禮樂)과 같은 유학의 인위적인 덕목과 가치관을 잊어야 하고, 더 나아가 가만히 앉아서[좌(坐)] 일체의 모든 것을 잊는[망(忘)] 수양을 해야 한다고 주장합니다. 이것이 바로 좌망입니다. 또 다른 방법인 심재는 다음과 같이 설명하고 있습니다.

> 뜻을 하나로 하라. 귀로 듣지 말고, 마음으로 들어라. 마음으로 듣지 말고, 기(氣)로 들어라. 귀는 소리를 듣는 데 그칠 뿐이고, 마음은 지각(知覺)하는 데 그칠 뿐이지만 기라는 것은 비우고 있어서 만물을 기다린다. 도는 오직 빈 곳에만 모인다. 마음을 비우는 것이 심재(心齋)다.[8]

심재는 쉽게 설명하면 중요한 행사나 의식을 치르기 전 몸을

앎이 삶이 되는 동양철학

목욕재계하듯이 마음을 재계하는 것인데, 장자는 간단히 마음을 비우는 것이라고 설명합니다. 결국 '좌망'과 '심재'를 해야 한다는 것은 우리의 잘못된 고정관념과 분별적 지식들을 모두 버려야 한다는 말입니다. 그게 물론 쉽지 않겠죠? 너무나 오래 계속해서 분별하며 살아왔고, 분별로 얻은 지식을 하루하루 쌓으며 살았으니까요. 의미도 없는 차별적 지식들이 우리들의 마음을 가득 채우고 있으니 큰 지혜가 우리 마음에 들어올 수 없었던 것입니다. 따라서 이제는 하루하루 지식을 버리며 마음을 비워 나가야 합니다. 그래야만 도의 관점에서 만물을 차별하지 않고 볼 수 있는 자유롭고 행복한 마음을 얻게 될 것입니다.

누군가를 미워해 본 적이 있나요? 누군가가 너무나 싫어서 그 사람을 보는 것조차 싫었던 적이 있었나요? 학교의 친구, 또는 학교 선생님, 직장 동료일 수도 있고, 동네 주민일 수도 있겠죠. 저도 꽤 오래전에 누군가를 싫어한 적이 있었습니다. 아침부터 그 사람을 만나면 하루가 찝찝한 적이 있었죠. 그런데 그건 참 바보 같은 행동이었습니다. 저만 힘들고 그분은 아무렇지도 않으니, 일방적으로 저만 손해가 나는 장사였던 것입니다. 누군가를 미워하면 미움이라는 감정이 마음에 가득 차 정신적인 자유를 빼앗기게 됩니다. 제가 맘 편히 자유롭게 살기 위해서는 어리석게 남을 미워해서는 안 된다는 것을 힘들게 깨닫게 되었습니다.

장자는 아직도 자기 생각에만 사로잡혀 생각을 바꾸려 하지 않는 사람을 "우물 안 개구리"라고 비판합니다.

> 우물 안 개구리에게 바다에 대해 말해 줄 수 없는
> 것은 공간에 의해 한정되어 있기 때문이다. 여름 (한
> 철만 사는) 벌레에게 얼음에 대해 말해 줄 수 없는 것
> 은 시간에 의해 한정되어 있기 때문이다. 굽은(견문이
> 적은) 선비에게 도를 말해 줄 수 없는 것은 배운 것들
> 에 의해 구속되어 있기 때문이다.⁹

만리장성이 긴 것이 맞습니까? 백두산이 높은 것이 맞나요? 우주는 넓다고 말할 수 있을까요? 지금 내가 옳다고 생각하는 지식이 정말 옳은 것인지, 내가 정말 가치 있다고 생각하는 것이 진정 가치 있는 것인지, 다시 한번 생각해 보는 것은 어떻습니까? 지금까지 배운 것들이 당연히 맞고, 당연히 가치 있다고 생각하고 그냥 살고 있지는 않으신가요? 나를 채우고 있는 지식을 모두 한번 돌아보세요. 장자의 주장을 계기로, 상대적이고 분별적인 지식들에서 벗어나 진정한 자유와 절대적 평등에 다가서는 경험을 해 보시기 바랍니다.

앎이 삶이 되는 동양철학

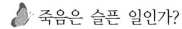 죽음은 슬픈 일인가?

장자의 생사관과 관련된 유명한 이야기를 하나 더 해 보려고
합니다. 장자 아내의 죽음과 관련된 일화입니다. 장자는 삶과 죽음
또한 상대적인 분별로 이해합니다. 죽음만큼 인간에게 두렵고 슬픈
일이 없고, 삶과 죽음은 너무나 다른 것임에도 장자는 삶과 죽음을
구분하지 말아야 한다고 주장합니다. 이런 장자가 자신의 아내가
죽었을 때 어떻게 행동했을까 궁금하지 않으신가요? 장자 아내가
죽었을 때 장자는 어떻게 행동했는지 한번 보시죠.

> 장자의 아내가 죽어서 혜자가 조문을 갔는데, 장자
> 는 다리를 쭉 뻗고 앉아 그릇을 두드리며 노래를 하고
> 있었다. 혜자가 말하기를, "그 사람과 함께 살며 자식
> 도 키우며 함께 늙어 왔거늘, (아내가) 죽었음에도 곡
> 을 하지 않는 것도 마음에 들지 않는데, 또 그릇을 두
> 드리며 노래를 부르다니 너무 심한 것이 아닌가?"

장자의 태도는 상식적으로 이해가 가지 않습니다. 오랜 시간을
함께했던 아내가 죽었는데 장례 절차를 밟아야 한다는 생각은 전
혀 없고, 죽은 사람에 대한 기본적인 예의에서도 벗어나 다리를 쭉
펴고 앉아서 그릇을 두드리며 노래를 하고 있으니, 이를 어떻게 이
해해야 할까요? 장자의 답변을 들어 보시죠.

그렇지 않네. 그녀가 죽고 처음에는 나도 어찌 슬프지 않았겠는가? 그 (아내가 태어나기 이전) 시작을 살펴보니 본래 삶[生]이 없었고, 삶이 없었을 뿐만 아니라 본래 형체도 없었고, 형체가 없었을 뿐만 아니라 본래 기(氣)도 없었다네. 흐릿한 사이에 섞여 있다 변화하여 기가 있게 되고, 기가 변하여 형체가 있게 되고, 형체가 변하여 삶이 있게 된 것이네. 지금 또 변하여 죽음으로 갔으니 이는 서로 봄, 여름, 가을, 겨울이 되어서 사계절이 운행하는 것과 같네.[10]

아내가 죽고 처음에는 장자도 인간으로서 정이 든 아내를 떠나보냈는데 슬프지 않을 수는 없었겠지만, 정신을 차리고 다시 생각해 보니 죽음이란 것도 자연스러운 과정일 뿐임을 깨닫고 슬픔을 극복하게 됩니다. 우리는 봄이 왔다고 기뻐하고 봄이 간다고 눈물 흘리며 슬퍼하지 않습니다. 봄, 여름, 가을, 겨울이 바뀔 때마다 우리가 울어야 한다면 일 년에 네 번씩은 꼭 울어야 하는데, 이는 말이 안 됩니다. 왜냐하면 계절의 변화는 그저 자연스러운 과정일 뿐이기 때문입니다.

마찬가지로 흐릿한 사이에 있다가 기가 되고, 형체가 생겨, 생명을 얻었다가 죽음을 맞이하게 되는 과정도 봄이 지나서 여름이 되고 가을이 지나서 겨울이 되는 것과 같습니다. 다시 말해 삶과 죽음이란 기가 모여 삶이 되고, 기가 흩어져 죽음이 되는 자연스러운 과정이라는 것입니다. 따라서 누군가 죽음을 맞이했다는 것은 그저 죽을 때가 되어서 그렇게 된 것일 뿐입니다. 그런데도 죽음을 어떻게 슬퍼할 수 있겠냐는 것이 장자의 주장입니다.

유교 문화권에 살고 있는 우리들은 사람이 죽으면 애도하고 예를 지켜서 장례를 치루는 것이 당연하다고 생각합니다. 하지만 도가 철학자인 장자는 그렇지가 않았습니다. 장자는 삶과 죽음의 구분에서 벗어나 자유롭게 살아가는 삶의 모습을 직접 보여 주었습니다. 그렇다고 우리가 장자 흉내를 낼 수는 없겠지요. 저는 이 장자의 주장이 저에게 큰 위로가 된 경험이 있습니다. 아버지가 젊은 나이에 돌아가셨을 때, 그 죽음을 받아들이기가 쉽지는 않았습니다. 그런데 저는 우연히 읽었던 이 구절이 슬픔을 극복하는 데 많은 도움이 되었습니다. 여러분들에게도 자신이 아끼는 누군가가 떠났을 때, 어쩔 수 없는 이별을 맞이했을 때, 슬픔을 극복하는 데 장자의 이 구절이 조금이라도 도움이 되었으면 좋겠습니다.

채워야 하나, 비워야 하나?

하루하루 학문에 매진해 지식을 채워 나가야 할까요? 비워 나가야 할까요? 유가 철학자들은 매일매일 학문을 쌓고 배운 바를 실천하면서 군자다운 삶을 살 것을 강조합니다. 모두가 도덕적 지식을 쌓고 그것을 실천해 나간다면 사회적 혼란이 해소되고 평화로운 사회가 될 것이라고 생각한 것이지요. 이러한 유가의 입장에 동의합니까? 도가 철학자들은 그렇게 생각하지 않았습니다. 장자는 좌망과 심재의 수양을 강조하면서 하루하루 지식을 비워 나갈 것을 강조하였습니다. 이는 도가 철학자 노자의 주장과도 일치하는 내용입니다. 노자도 다음과 같이 말했습니다.

> 학문을 행하는 것은 하루하루 더해 나가는 것이다.
> 도를 행하는 것은 하루하루 덜어나가는 것이다. 덜어
> 내고 또 덜어 냄으로써 무위에 이르게 된다. 무위하지
> 만 되지 않는 것이 없다.[11]

노자는 자연의 도를 행하는 것은 학문을 행하는 것과는 달리 매일 조금씩 덜어 나가는 것이라고 주장합니다. 한국의 많은 학생들은 공부를 통해 하루하루 새로운 지식을 쌓으려 애씁니다. 캄캄한 밤까지 학원을 다니며 선행 학습을 하고, 남보다 더 많은 지식을 획득하려고 노력하는 이유는 과연 무엇 때문일까요? 유가처럼 인격 완성과 도덕적 실천을 위해 공부를 하면 좋겠지만 그런 이유로 공부를 하는 학생이 많지 않을 것입니다. 많은 학생들은 좋은 직업을 얻고 싶어서, 돈을 많이 벌어 편하게 살기 위해서 등 다양한 욕

앎이 삶이 되는 동양철학

심을 채우기 위해 공부를 합니다. 이처럼 남보다 더 많은 지식을 쌓기 위해 경쟁하는 우리 학생들이 과연 행복한지 함께 반성해 보았으면 좋겠습니다. 한국의 학부모와 학생들에게 노자의 주장은 많은 교훈을 줍니다.

노자의 주장과 일맥상통하는 장자의 글 중에 아주 유명한 '빈 배' 이야기를 마지막으로 들어 보시죠. 이 이야기는 우리가 어떻게 살아야 서로 다투고 경쟁하는 불행한 삶에서 벗어날 수 있을지를 잘 알려 줍니다.

> 배를 나란히 하고 강을 건너는데, 빈 배가 와서 내 배에 부딪히면 비록 좁은 마음을 지닌 사람도 화를 내지 않는다. (그런데 그 배) 위에 한 사람이 타고 있다면, 곧 배를 몰아 뒤로 가라고 호통을 칠 것이다. 한 번 호통을 쳤는데 못 듣고, 재차 소리쳐도 못 들었다면, 세 번째에는 곧바로 반드시 악한 소리(욕설)가 따라 나오게 될 것이다. 앞의 경우에서는 화를 내지 않다가 지금은 화를 내는 것은 앞의 경우에는 (부딪힌 배가) 비어 있었고 지금은 (사람이 타서) 채워져 있기 때문이다. 사람도 능히 자기를 비우고 세상을 노닐 수 있다면 누가 능히 그에게 해를 끼칠 수 있겠는가?[12]

우리는 길을 가다가 갑자기 비가 와서 비를 맞았다고 비에게

화를 내거나 욕을 하지는 않습니다. 또 등산을 가다가 돌이 하나 굴러 떨어져서 나를 맞췄다고 해서 돌에게 욕설을 퍼붓지는 않습니다. 마찬가지로 빈 배가 둥둥 떠와서 내가 탄 배를 치고 갔다고 해서 배에게 욕을 할 사람은 없습니다. 하지만 누군가가 배를 타고 와서 내가 탄 배를 치고 간다면 우리는 분명히 화를 낼 것입니다. 왜 빈 배는 욕을 먹지 않고, 사람이 타서 채워진 배는 욕을 먹을까요? 우리가 이 차이를 깨닫고 빈 배와 같이 살아간다면 다른 사람에게 욕을 먹지 않고 평화롭게 살 수 있을 것입니다.

욕을 먹지 않는 비, 돌, 빈 배는 어떤 특성이 있나요? 이것들은 모두 자기의 주장도, 어떤 의도도, 욕심도 전혀 없습니다. 따라서 우리도 빈 배와 같이 자기 자신의 주장, 고집, 욕심을 버리고 자신을 비우며 살아갈 수만 있다면 살면서 누구와 부딪혀도 욕을 먹지 않을 것입니다. 반대로 욕심으로 가득 차 있고, 자기 고집을 부리며, 자신의 의견을 관철하기 위해 애쓴다면 사람들에게 많은 욕을 먹어야 할 것이고, 그렇게 사는 내내 마음이 편할 날이 없을 것입니다. 남들과 부딪히기 싫으시죠? 남들에게 욕설을 듣기 싫으시죠? 빈 배처럼 비우며 살아 보세요.

앎이 삶이 되는 동양철학

··
불
교
··

불교(佛敎, Buddhism)는 기원전 6세기경에 인도의 석가모니가 창시한 종교
사상이다. 불교는 인간의 삶을 고통으로 파악하고, 그러한 고통에서 해탈하
여 깨달음을 얻은 부처가 되는 것을 이상으로 삼았다. 석가모니가 열반에 든
후 불교는 부파불교(소승불교) 시기를 거쳐 대승불교로 이어졌다. 불교 사상
은 동양의 윤리, 예술, 문화 및 생사관에 막대한 영향을 끼쳤다.

三 ·

불
교

제6장

석 가 모 니

석가모니(釋迦牟尼)

불교를 창시한 사상가(기원전 563~483년)로 인도에서 태어났다. 성은 고타마 (Gautama)이고, 이름은 싯다르타(Siddhārtha)이다. 29세 때 고통에서 해탈하기 위해 출가하였으며, 35세에 깨달음을 얻었다. 이후 무상(無常)과 무아(無我)에 관한 진리를 깨달아 집착과 고통에서 벗어날 것을 강조하였다. 『아함경(阿含經)』, 『니까야(Nikāya)』 등의 경전에 그의 사상이 잘 나타나 있다.

제6장

석가모니

 인생은 고통인가?

불교를 창시한 사람은 인도의 고타마 싯다르타(Gotama Siddhārtha, 기원전 563~483년)입니다. 정말 신기하게도 세계의 성인이라 불리는 사람 3명, 즉 석가모니, 소크라테스(기원전 469~399년), 공자(기원전 551~479년)가 거의 비슷한 시기에 태어나 활동했다는 점입니다. 지금으로부터 약 2,500년 전 우연인지 필연인지는 몰라도 우리 인간은 많은 깨달음을 얻기 시작한 것으로 보입니다.

고타마 싯다르타는 석가모니(釋迦牟尼) 또는 석가여래(釋迦如來)라고도 불립니다. 석가모니에서 '석가'는 그가 속한 종족인 사키야(Sakya)족을 부르는 명칭이고, '모니(muni)'는 성자(聖者)라는 뜻입니다. 따라서 석가모니는 사키아족의 성자라는 의미입니다. 또 석가여래에서 '여래'는 진리로부터 진리를 따라온 사람이라는 의미입니다. 우리에게 가장 잘 알려진 석가모니의 다른 호칭은 부처, 붓다(Buddha), 불타(佛陀), 불(佛)이 있는데 이 호칭은 모두 '깨달은 사람'이라는 의미입니다.

석가모니는 작은 왕국의 왕이었던 아버지 정반왕(淨飯王, 슈도다나)과 어머니 마야부인(摩耶夫人) 사이에서 태어났습니다. 마야부인은 코끼리가 옆구리로 들어오는 태몽을 꾸고 석가모니를 낳았다고 합니다. 마야부인은 석가모니를 출산하고 7일 만에 세상을 떠났기 때문에 석가모니는 마야부인의 동생에게 길러집니다. 아버지 정반왕은 석가모니를 풍족하고 고상하게 키웠으며, 많은 교육을 시켰습니다.

정반왕은 자신의 자리를 아들 석가모니에게 물려주려고 했지만 석가모니는 부와 권력에는 관심이 없었습니다. 정반왕은 석가모니가 출가를 원하는 것을 알고 이를 막기 위해 석가모니에게 결혼을 권합니다. 이로 인해 석가모니는 열여섯 살에 야수다라(耶輸陀羅, Yasodhara)와 결혼하였고, 라훌라(Rahulla)라는 아들을 낳기도 하였습니다. 하지만 석가모니는 결혼을 통해 오히려 애욕의 끝은 허무함이며, 그 또한 고통이라는 사실을 깨닫게 됩니다.

석가모니는 아버지의 반대에도 불구하고 결국 부와 명예, 가족을 버리고 스물아홉의 나이에 출가를 합니다. 그의 출가는 세상의 실상을 바로 알고, 생로병사(生老病死)의 고통에서 벗어나 평온한 삶을 얻고자 하는 의도였습니다. 석가모니는 출가 후 6년 동안 고행을 실천했습니다. 출가 전에는 쾌락을 누리는 삶을 살다가 그 반대인 고행을 6년이나 했으니 얼마나 힘이 들었을까요?

고행은 피골이 상접할 정도로 긴 기간 단식을 하거나 가시덤불 위에 눕고, 한겨울에 맨몸으로 수행하는 등 극도로 고통스러운 방법을 사용하는 수행 방법입니다. 하지만 석가모니는 6년간의 극단적인 고행으로는 깨달음을 얻을 수 없었습니다. 그는 고행을 포기하고 소녀인 수자타가 바친 우유죽 공양을 받아먹은 후 보리수나무 밑에 자리 잡고 앉아 명상을 하였습니다. 이러한 석가모니 앞에 악마들이 나타나 유혹하였으나 모두 퇴치하고 서른다섯 살의 나이에 깨달음을 얻은 부처가 됩니다.

인생은 고통일까요? 행복일까요? 석가모니는 많은 사람이 고통을 받으며 번뇌 속에서 살고 있다고 생각하였습니다. 즉, 인생은 고통이라고 여겼던 것입니다. 일단 태어나면 누구나 늙고 싶지 않아도 매일 늙어 가고, 병이 들면 아파서 싫지만 누구나 병이 들고, 죽음은 피하고 싶지만 피할 수 없는 것이 인생 아닐까요? 불교의 인생관은 서양 철학자 쇼펜하우어에게까지 영향을 미쳐 쇼펜하우어가 염세주의 철학을 펼치는 데 기여하였습니다. 석가모니는 중생들을 고통에서 해방시켜 주기 위해 자신이 얻은 깨달음을 죽기 전까지 아낌없이 가르쳐 주고 떠났습니다. 이제 석가모니가 우리에게 아낌없이 전해 준 중요한 가르침과 진리를 살펴보도록 하겠습니다.

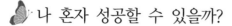# 나 혼자 성공할 수 있을까?

석가모니는 세상 만물이 어떻게 존재하는지 그 실상에 대해 연기설로 설명합니다. 그는 연기설(緣起說)에 대해 "연기를 보는 자는 법(진리)을 보고, 법을 보는 자는 곧 연기를 본다."[1]라고 주장하며 연기가 진리를 파악하는 요체임을 강조합니다. 여기서 법(法, dhamma)이란 단어는 '진리'라는 뜻으로 사용되었으며, '사물(현상, 존재)'이라는 의미로 사용되기도 합니다. 연기란 인연생기(因緣生起)의 줄임말로, 우주 만물은 원인[因]과 조건[緣]의 결합으로 생겨난다는 의미입니다.

우리가 좋아하는 사과 열매는 결코 하늘에서 뚝 떨어진 것이 아니죠. 사과라는 열매를 맺기 위해서는 먼저 직접적인 원인[因]인 씨앗이 존재해야 하고, 이 씨앗이 자라 열매를 맺기까지 햇볕, 비, 공기, 흙 등 다양한 외부 조건[緣]이 맞아야 사과라는 결과를 만들어 낼 수 있습니다. 사실 사과뿐만 아니라 이 세상에 존재하는 것은 무엇이든 원인과 조건이 결합하여 그 결과로서 존재합니다. 석가모니는 다음과 같이 연기법을 설명합니다.

> 이것이 있으면 저것이 있고, 이것이 없으면 저것이 없다. 이것이 생기면 저것이 생기고 이것이 소멸하면 저것이 소멸한다.[2]

세상에 독립적으로 존재하는 것은 아무것도 없습니다. 사과 하나도, 풀꽃 하나도, 잡초 하나도 씨앗이 없었다면 결코 생겨날 수 없었을 것이고, 햇볕과 물, 공기 등이 없었다면 결코 존재할 수 없었을 것입니다. 원인과 조건이 맞으면 세상 만물은 생겨나지만 원인과 조건이 사라지면 그 결과도 사라질 수밖에 없습니다. 세상에 연기의 법칙에서 벗어나 존재하는 사물은 없다는 것이 석가모니의 주장입니다. 이 연기법은 석가모니가 만들어 낸 이론이 아니라 석가모니가 세상을 잘 관찰해 발견한 이론입니다.

이러한 연기설이 중요한 이유는 세상 만물은 독립적으로 존재하는 것이 아니라는 깨달음을 주기 때문입니다. 연기법을 깨닫게 되면 세상 만물이 서로 의존하며 존재한다는 것을 알게 됩니다. 사과 하나가 나오기까지 세상에 연결되어 있지 않은 것은 없습니다. 사과와 나무와 공기와 흙과 하늘이 연결되어 있고, 사과의 씨를 날린 바람과도 연결되어 있고, 사과를 가꾼 농부와 사과를 먹는 내가 연결되어 있습니다. 이렇게 연결 고리를 하나씩 넓혀 나가다 보면 세상의 모든 존재들은 서로 연결되어 있다는 것을 알 수 있습니다. 명상으로 잘 알려진 베트남 출신의 틱낫한 스님은 이러한 깨달음을 종이 한 장 속에도 우주가 들어 있다고 표현하였습니다.

우리가 진정으로 세상 만물이 스스로 존재하거나 독립적으로 존재하는 것이 아니라 상호 의존적 관계를 맺고 존재한다는 깨달음을 얻게 된다면 자비의 윤리가 저절로 나오게 됩니다. 즉, 나와

남이 둘이 아니라는 자타불이(自他不二)를 자각하면, 타인의 고통을 나의 고통처럼 여기게 됩니다. 따라서 고통받고 있는 타인에게 무관심하지 않고 그들의 고통에 관심을 갖고 자비를 베풀게 됩니다.

졸부나 쉽게 성공한 사람 중 몇몇은 자기가 잘나서 성공했다고 굳게 믿곤 합니다. 혼자 잘나서 성공했다고 믿는 사람은 자신이 사회의 많은 사람의 도움이 없었다면 결코 성공할 수 없었다는 사실을 생각조차 못합니다. 심하면 자신을 길러 준 부모에 대한 감사의 마음마저도 없는 경우가 있습니다. 하지만 인간이 사회를 만들어서 사회 속에서 살고 있는 이상 사회의 도움 없이 성공한다는 것은 불가능한 일입니다. 사회의 다양한 사람에게 여러 형태의 도움을 받았기 때문에 그 자리까지 올라갈 수 있었던 것입니다.

더 심각한 문제는 자신이 잘나서 성공했다고 믿는 사람은 어려운 사람, 사회적 약자들에 대한 관심이 전혀 없을 뿐만 아니라 그들을 도와야 한다는 주장에 반대하기까지 합니다. 내가 혼자 노력해서 힘들게 돈을 벌었는데 왜 다른 사람을 돕는 데 내 돈을 써야 하냐고 화를 내기도 하지요. 세상의 모든 존재가 상호 의존적으로 존재한다는 실상을 깨달았다면 좋았을 텐데 말이죠.

여러분, 자신이 노력해서 회사를 성공적으로 키웠다면 재산의 일부를 사회에 기부하는 것이 도덕적인 의무일까요? 아니면 기부는 전적으로 개인의 자유로운 선택 문제로 간주해야 할까요? 온전히 자신 혼자만의 노력으로 회사를 키워 냈다면 기부는 자유로운 선택의 문제로 볼 수 있을 것입니다. 반면에 자신의 회사가 만든 제품을 기꺼이 소비해 준 수많은 이웃들과 회사를 키울 수 있는 여건을 제공한 지역 사회와 국가가 없었다면 회사가 성공할 수 없었다고 생각한다면 기부는 도덕적 의무라고도 할 수 있습니다. 어떤 생각이 옳다고 생각하나요?

제가 공부를 잘하는 학생들이 모인 특목고에 근무할 때 학생들과 이 주제에 대해 많은 이야기를 나누곤 했습니다. 그리고 특목고에 입학하게 된 것도 모두 자기가 잘나서 그런 것이 아니라는 사실을 스스로 깨닫게 하고자 노력했던 기억이 납니다. 학생들도 시간이 지나면서 자신이 좋은 부모를 만나서, 좋은 환경에서 자라서, 좋은 기회를 얻어서, 좋은 나라에 태어나서 등등 많은 원인과 조건의 결합으로 특목고에 온 것임을 스스로 말하기 시작했습니다. 그리고 성공해서 사회를 위해 좋은 일도 하고, 사회적 약자들을 돕는 삶을 기꺼이 살겠다고 말할 때 학생들이 너무나 기특해서 미소를 머금었던 기억이 납니다.

 다음 생에 나는 어디서 태어날까?

연기설은 또 다른 중요한 의미가 있습니다. 원인과 조건이 결합해야 결과가 생기는 것이라면, 나쁜 결과를 없애기 위해서는 어떻게 하면 될까요? 원인과 조건을 소멸시키면 그 결과도 소멸됩니다. 그렇다면 인생의 고통을 없애기 위해서는 어떻게 하면 될까요? 그러한 고통을 낳는 원인과 조건들을 제거하면 되겠지요. 불교에서는 생로병사, 즉 태어나서 늙고 병들고 죽는 이 네 가지를 대표적인 고통으로 이해해서 사고(四苦)라고 부릅니다.

생로병사의 네 가지 고통에 다음 네 가지 고통을 더해 팔고(八苦)라고 합니다. 사랑하는 사람과 헤어지는 고통인 애별리고(愛別離苦), 미워하는 사람을 만나는 고통인 원증회고(怨憎會苦), 구하려고 했지만 얻지 못하는 고통인 구부득고(求不得苦), 오온(색, 수, 상, 행, 식)에 대한 집착으로 생긴 고통인 오취온고(五取蘊苦)가 그것입니다. 고통을 단지 8개만 나열했을 뿐인데 우리가 고통 속에 살고 있다는 것을 알 수 있습니다.

그런데 한 가지 의문이 생길 수 있습니다. 늙고, 병들고, 죽는 것은 고통이 맞지만 태어나는 것은 고통이 아니라 혹시 기쁜 일이라고 생각할 수도 있을 것입니다. 하지만 깨닫지 못한 채 세상을 살아가는 것은 집착과 탐욕으로 인해 고통스러울 수밖에 없습니다. 또한 늙고 병들고 죽는 고통스러운 현상은 태어남이 있기 때문에 발생하는 것입니다. 삶(태어남)이 없다면 죽음의 고통도 있을 수 없습니다. 불교에서는 삶과 죽음이 연결되어 있기 때문에 생사(生死)를 구분할 수 없다는 생사일여(生死一如)의 죽음관을 강조합니다.

어떤 사람들은 윤회를 좋은 일로 착각하기도 합니다. 불교에서

앎이 삶이 되는 동양철학

는 인간이 죽는다고 생이 끝나는 것이 아니라 계속해서 전생, 현생, 내생을 돌고 돈다는 윤회(輪廻)를 주장합니다. 하지만 윤회는 어리석은 중생들이 집착과 탐욕을 버리지 못해 고통스러운 태어남을 반복하는 것이기에 추구해야 할 것이 아니라 끊어야 할 대상입니다. 따라서 불교에서는 깨달음을 얻어 열반(涅槃)에 도달한 사람, 즉 해탈에 경지에 도달한 사람은 더 이상 윤회를 하지 않는다고 봅니다.

연기설과 관련해 또 한 가지 생각해 보아야 할 것은 바로 불교의 업(業, karma) 사상입니다. 업이란 인간이 말이나 행동이나 마음으로 짓는 고의적인 행위를 뜻하는 것으로 선업(善業), 악업(惡業), 무기업(無記業, 선도 악도 아닌 업으로 선악의 과보를 받지 않음)이 있습니다. 석가모니는 다음과 같이 주장합니다.

> 고의로 지은 업이라면, 반드시 그 결과(報, 보)를 혹은 현세에 받거나 혹은 후세에 받을 것이라고 나는 말한다. 만약 고의로 지은 업이 아니라면 반드시 결과를 받는 것은 아니라고 나는 말한다.[3]

우리가 고의적이거나 의도적으로 나쁜 마음(탐욕, 성냄, 어리석음 또는 잘못된 견해)을 먹거나 나쁜 행동(살생, 도둑질, 음탕한 행위)을 하거나 나쁜 말(거짓말, 이간질하는 말, 욕설, 꾸며낸 말)을 한다면 이는 현세나 내세(來世, 다음에 올 세상)에 그 결과인 보(報)를 반드시 받게 되는데, 분명 괴로운 결과가 생긴다고 주장합니다. 반면에 착한 마음을 먹고, 선한 행동을 하며, 좋은 말을 한다면 이는 현세나 내세에서 좋은 과보를 받게 됩니다. 이처럼 불교는 악업을 짓지 말고 선업을 행하라는 건전한 윤리를 우리에게 전해 주고 있습니다.

그런데 이렇게 불교가 과거의 행동이 우리의 삶을 결정한다고 주장한다면, 불교는 결정론이나 운명론에 빠져 개인의 노력을 과소평가하는 것이 아닌가 하는 의문이 들 수도 있을 것입니다. 하지만 불교가 자유의지를 반대한다고 보기 어렵습니다. 과거의 행동이 내 삶을 결정하는 것도 맞지만 그렇다고 해서 자신의 미래를 수동적으로 받아들여야만 하는 것은 아닙니다. 지금 이 순간 나의 자유의지를 발휘해 어떻게 행동할 것인지를 선택함으로써 얼마든지 미래를 새롭게 만들어 갈 수 있기 때문입니다. 물론 나의 행동이 만들어낸 미래에 대한 책임도 감수해야 합니다. 따라서 우리는 당연히 수행을 통해 선한 마음과 선한 행동과 선한 말을 함으로써 선업을 쌓고 행복한 삶을 살아야 합니다.

그렇다면 우리가 행위한 결과인 업에 따라 어떤 세계로 윤회를 하게 되는지 살펴봅시다. 여섯 가지 세계를 돌고 돈다고 하여 육도윤회라고 하는데, 육도에는 매우 열악한 상태로 태어나는 삼악도(三惡道)와 조금 사정이 나은 삼선도(三善道)가 있습니다. 삼악도에

앎이 삶이 되는 동양철학

는 지옥도, 아귀도, 축생도가 있고, 삼선도에는 아수라도, 인간도, 천상도가 있습니다. 지옥도(地獄道)는 사방이 막혀 벗어날 곳이 없는 매 순간 고통만 있는 곳입니다. 아귀도(餓鬼道)는 굶주려 있는 귀신인 아귀들이 모여 사는 곳입니다. 아귀는 목구멍이 바늘구멍처럼 가늘기 때문에 음식을 삼킬 수 없어 늘 배고픔의 고통을 느껴 서로 먹겠다고 끊임없이 다툽니다. 축생도(畜生道)는 동물로 태어나 고통을 받으며 사는 곳으로 약육강식의 논리가 지배하고 본능에 따라 살게 됩니다.

삼선도에 속하는 아수라도(阿修羅道)에서 아수라는 호전적인 악신을 의미하는 말로, 아수라도는 악한 마음으로 인해 싸움이 끊이지 않는 곳입니다. 다음은 인간도(人間道)로 탐욕, 성냄, 어리석음과 같은 삼독을 지니고 악하게 살기도 하고 때로는 선한 마음을 지니고 살기도 하는 곳으로 자신의 노력을 통해 깨달음을 얻을 수 있는 곳입니다. 마지막 천상도(天上道)는 고통과 번뇌가 적고 평온한 곳입니다. 하지만 아직 깨달음을 얻지 못해 업을 짓고 살아가는 것은 다른 세계와 마찬가지이며, 이 세계에 살다가도 언제든지 지옥의 나락으로 떨어질 수 있습니다.

우리는 육도윤회에서 벗어나기 위해 깨달음을 얻고 윤회의 사슬을 끊어야 합니다. 우리는 현재 인간으로 태어나 살고 있습니다. 인간으로 태어났다는 것은 열반에 도달할 수 있는 좋은 기회를 얻었다는 의미임을 잊어서는 안 됩니다. 여기서 석가모니가 이야기한 재미있는 비유를 하나 들어 보겠습니다.

> 비유하자면, 큰 대지가 남김없이 큰 바다를 이룰
> 때, 헤아릴 수 없는 겁을 살아온 눈이 먼 거북이 한 마
> 리가 있는데, 백 년에 한 번씩 그 머리를 (바다 위로)
> 내민다. 바다에는 구멍이 하나 있는 물에 뜬 나무가
> 있는데 바다의 파도로 표류하고 바람을 따라 동서로
> 움직인다. 눈이 먼 거북이가 백 년에 한 번 머리를 내
> 미는데 그 (나무에 난) 구멍과 만날 수 있겠느냐? …
> 잠시 사람의 몸으로 돌아온 것(태어나는 것)은 그것보
> 다 더 어렵다. 그 이유는 저 모든 중생들은 그 올바름
> 을 행하지 않고 법을 행하지 않으며 선을 행하지 않고
> 진실을 행하지 않으며, 되풀이하여 죽이고 해치며 강
> 자가 약자를 업신여기고 헤아릴 수 없이 많은 악을 짓
> 기 때문이다.[4]

'맹구부목(盲龜浮木)'으로 알려진 이 비유는 인간으로 태어나기
가 얼마나 어려운지를 잘 알려 주고 있습니다. 그렇다면 어렵게 얻
은 현생의 기회를 그냥 날려 버려서는 안 되겠지요? 우리는 인간으
로 태어난 소중한 기회를 잘 살려 선을 행하고 깨달음을 얻기 위해
노력해야 합니다.

연기설에 근거해 윤회를 끊고 고통에서 벗어날 수 있는 방법에

대해 생각해 봅시다. 다음은 석가모니가 깨달은 십이연기설을 정리한 것입니다.

---

①무명(無明, 무지) ⇒ ②행(行, 의도적 행위) ⇒ ③식(識, 인식 작용) ⇒ ④명색(名色, 정신과 물질) ⇒ ⑤육처(六處/六入, 감각이 일어나는 곳 : 눈, 귀, 코, 혀, 몸, 마음) ⇒ ⑥촉(觸, 접촉) ⇒ ⑦수(受, 느낌) ⇒ ⑧애(愛, 갈애) ⇒ ⑨취(取, 집착) ⇒ ⑩유(有, 존재) ⇒ ⑪생(生, 태어남) ⇒ ⑫노사(老死, 늙음과 죽음)

이를 통해 무명으로부터 노사와 같은 고통이 어떻게 생겨나는지를 체계적으로 생각해 볼 수 있습니다. 고통의 가장 근본적인 원인은 무명, 즉 무지로 만물의 실상에 대해 모르고 있는 상태입니다. 이러한 무지로 때문에 의도적 행위가 생기고, 의도적 행위 때문에 인식 작용이 생기고, 인식 작용으로 인해 정신과 물질이 생기고, 정신과 물질 때문에 육처(여섯 감각 기관)가 생기며, 육처 때문에 감각적인 접촉이 생기고, 접촉 때문에 느낌이 생기고, 느낌 때문에 갈애(매우 좋아하고 사랑함)가 생기고, 갈애 때문에 집착이 생기고, 집착 때문에 존재가 생기고, 존재 때문에 태어남이 생기고, 태어남 때문에 늙음과 죽음의 고통이 생겨난다는 것입니다.

그렇다면 어떻게 고통에서 벗어날 수 있을까요? 십이연기설을 바탕으로 고통을 유발한 원인과 조건들을 제거해 나가는 것입니다. 현실의 큰 고통인 노사의 조건은 생이고, 생의 조건은 유이고, 유의 조건은 취이고, 취의 조건은 애이고, 애의 조건은 수이고, 촉의 조건은 육처이고, 육처의 조건은 명색이고, 명색의 조건은 식이고, 식의 조건은 행이고, 행의 조건은 무명입니다. 따라서 무명을 소멸시키면 행이 멸하고, 행이 멸하면 식이 멸하고, 식이 멸하면 명색이 멸하고, 명색의 멸하면 육처가 멸하고, 육처가 멸하게 되면 촉이 멸하고, 촉이 멸하면 수가 멸하고, 수가 멸하면 애가 멸하고, 애가 멸하면 취가 멸하고, 취가 멸하면 유가 멸하고, 유가 멸하면 생이 멸하고, 생이 멸하면 노사의 고통도 소멸하게 되는 것입니다.

연기설은 우리에게 이 세상 모든 것이 상호 의존적 관계를 맺고 있으므로 어떤 존재라도 함부로 대해서는 안 된다는 사실을 잘 알려 주고 있습니다. 아울러 타인의 고통을 자신의 고통처럼 생각하는 자비의 윤리를 실천하게 할 원동력을 제공해 줍니다. 또한 인생에서 고통이 일어나는 원인에 대해 체계적으로 설명해 줌으로써 우리가 어떻게 고통을 소멸시켜 나가야 할지에 대한 큰 그림을 제공해 주고 있습니다.

무엇을 알아야 고통에서 벗어날까?

석가모니는 우리가 삶의 고통에서 해방될 수 있는 진리에 대해 알려 주고 있습니다. 하지만 그는 해탈에 이르는 길과 무관한 '세상

앎이 삶이 되는 동양철학

은 끝이 있는가[有邊], 끝이 없는가[無邊]?', '세상은 영원히 존재하는가[常住], 영원히 존재하지 않는가[無常]?' 등과 같은 형이상학적 질문에는 답변하지 않았습니다. 그는 독화살의 비유를 통해 답변하지 않는 이유를 밝혔습니다. 즉, 독화살을 맞은 사람이 온몸에 독이 퍼지고 있는데도 불구하고 빨리 화살을 뽑을 생각은 안 하고 화살을 쏜 사람이 키가 큰지, 어떤 새의 깃으로 장식된 화살인지 등 다른 생각을 하는 것은 어리석다고 주장합니다. 이는 생로병사의 고통이라는 독화살을 맞았는데도 형이상학적 논변에 빠져 있는 것은 어리석다는 의미입니다. 그는 고통에서 벗어날 수 있는 진리를 깨달아 열반으로 나아가는 길을 밝히는 데 역점을 두었습니다.

석가모니가 깨달은 진리 중에 가장 중요한 진리 중 하나라고 할 수 있는 사성제(四聖諦), 즉 네 가지 성스러운 진리에 대해 살펴보겠습니다. 사성제는 고성제(苦聖諦), 집성제(集聖諦), 멸성제(滅聖諦), 도성제(道聖諦) 네 가지로 이루어진 성스러운 진리를 의미합니다. 석가모니가 깨달음을 얻고 인도의 녹야원이라는 곳에서 다섯 비구에게 첫 번째로 설한 진리이기도 합니다. 먼저 고제(고성제에서 '성스러운'이라는 수식어를 뺀 말로 고성제와 같은 뜻)란 고통에 대한 진리라는 뜻입니다. 고제가 알려 주는 진리는 현실은 고통스럽고 괴롭다는 것으로, 대표적인 고통으로는 생로병사의 네 가지 고통을 들 수 있습니다. 그렇다면 왜 고통스러울까요? 고통의 원인에 대해서는 집제가 알려 주고 있습니다.

집제는 탐욕, 집착, 갈애(渴愛, 목이 마를 때 물을 간절히 찾는 것처럼 어떤 사물이나 사람을 간절히 갖고자 하는 애착)가 모여 고통이 일어난다는 진리입니다. 멸제는 우리 마음속의 세 가지 독(毒), 즉 삼독이라 불리는 탐욕, 성냄, 어리석음(貪嗔癡, 탐진치)이 불처럼 활활 타오를 때 물을 부으면 그 불이 모두 소멸되는 것처럼 괴로움이 완전히 소멸된 열반을 의미하는 진리입니다. 그렇다면 열반에는 어떻게 도달할 수 있을까요? 열반에 이르는 길에 대한 진리가 도제입니다. 석가모니는 열반에 이르는 방법으로 팔정도(八正道)를 제시하였습니다.

팔정도란 열반에 이르기 위한 여덟 가지 바른 수행 방법입니다. 그것은 정견(正見, 바르게 보기), 정사(正思, 바르게 생각하기), 정어(正語, 바르게 말하기), 정업(正業, 바르게 행동하기), 정명(正命, 바르게 생활하기), 정정진(正精進, 바르게 노력하기), 정념(正念, 바르게 마음 알아차리기), 정정(正定, 바르게 마음 집중하기)의 8가지 수행 방법입니다. 팔정도는 중도(中道) 수행 방법인데, 여기서 중도란 석가모니가 출가 전에 누린 감각적 쾌락을 추구하는 것도 아니고, 출가 후 행했던 자기 학대를 통해 극단적 고행을 추구하는 것도 아닌, 쾌락과 고통의 양극단을 피하는 수행 방법이라는 의미입니다.

석가모니는 열반에 이르기 위한 기본적인 공부법으로 삼학(三學)이라는 세 가지 공부를 강조하였는데, 팔정도는 삼학을 바탕으로 다시 분류할 수 있습니다. 삼학이란 도덕적인 습관인 계율을 지

앎이 삶이 되는 동양철학

키는 계(戒), 마음을 집중해 고요한 상태에 이르게 하는 삼매 수행인 정(定), 사물의 실상을 통찰하는 지혜인 혜(慧)를 얻는 세 가지 공부를 말합니다. 팔정도를 삼학 공부에 맞게 분류하면 다음과 같습니다.

삼학	팔정도
계(戒, 계율)	정어(正語, 바르게 말하기)
	정업(正業, 바르게 행동하기)
	정명(正命, 바르게 생활하기)
정(定, 선정)	정정진(正精進, 바르게 노력하기)
	정념(正念, 바르게 마음 알아차리기)
	정정(正定, 바르게 마음 집중하기)
혜(慧, 지혜)	정견(正見, 바르게 보기)
	정사(正思, 바르게 생각하기)

정어, 정업, 정명은 도덕적 습관을 지켜 생활하는 계학(戒學)에 속하고, 정정진, 정념, 정정은 마음을 고요하게 가라앉히는 정학(定學)에 속하며, 정견, 정사는 사물의 실상을 통찰할 수 있는 지혜를 얻기 위한 혜학(慧學)에 속합니다. 결국 깨달음을 얻기 위해서는 올바른 생활[戒]과 올바른 마음[定]과 올바른 지혜[慧]를 갖춰 탐욕, 성냄, 어리석음과 같은 삼독에서 벗어나야 한다는 것입니다.

석가모니가 알려 준 사성제는 우리가 고통에서 벗어나 열반에 이르기 위해 반드시 알아야 할 진리입니다. 십이연기설에서 고통을 일으키는 근본적인 원인으로 무명(무지)을 지적한 바 있습니다. 무명에서 벗어나기 위해서는 바로 이 사성제에서 제시하는 진리들을 알아야 합니다. 즉, 갈애와 탐욕, 집착이 인생의 고통을 낳는 원인이므로 이를 깨달아 탐욕과 집착에서 벗어난 삶을 살 수 있도록 노력해야 합니다.

집착과 탐욕의 대상은 영원한가?

사상제 만큼이나 중요한 또 다른 불교의 기본 교리로는 삼법인(三法印) 또는 삼법인에 한 가지가 더 추가된 사법인(四法印)이 있습니다. 삼법인이란 제행무상(諸行無常), 제법무아(諸法無我), 일체개고(一切皆苦)이며, 이 세 가지에 열반적정(涅槃寂靜)을 추가하면 사법인이 됩니다. 불교에서 이 교리는 매우 중요한데 석가모니가 가장 강조하는 무상(無常), 무아(無我), 고(苦)에 대한 진리가 모두 들어있기 때문입니다. 사법인은 불교의 핵심적인 교리이니 한번 음미해 보시길 권합니다.

첫째, '제행무상'에서 '제(諸)'는 '모두'라는 뜻이고, '행(行)'은 여러 가지 뜻이 있는데 여기서는 '인연의 화합으로 형성된 존재'를 의미합니다. '무(無)'는 '없다'는 뜻이 '상(常)'은 '항상'이라는 뜻이므로 '모든 존재는 항상됨이 없다'라고 거칠게 번역할 수 있습니다.

앎이 삶이 되는 동양철학

의역하자면 '인연으로 생겨난 모든 존재는 영원히 존재하는 것이 아니라 끊임없이 변화한다'는 진리입니다. 세상에 존재하는 모든 것은 인연의 결합으로 잠시 존재하는 것이며, 원인과 조건이 변하면서 함께 변화하고, 원인과 조건이 소멸하면 함께 소멸합니다. 그러나 사람들은 이를 깨닫지 못하고 사물이 영원히 존재한다고 착각하기 때문에 탐욕과 욕심을 부리며 살고 있습니다.

우리는 돈, 명예, 권력, 미모, 젊음 등 지금 이 순간에도 계속해서 변화하고 있는 것들을 영원한 것처럼 생각해 집착하며 살지요. 지금은 높은 자리에 있지만 시간이 지나면 권력도 명예도 사라지는데 그것도 모르고 권력을 남용해 남에게 상처를 주기도 합니다. 또 어떤 사람은 돈과 권력을 잡기 위해 인생을 허비하기도 합니다. 최근에는 미모에 연연하는 사람도 늘고 있습니다. 우리나라 사람은 늙는 것을 너무나 싫어합니다. 제가 초등학교 때는 빨리 어른이 되고 싶었는데, 요즘 초등학생들은 나이 먹는 것이 싫다고 하더군요. 혹시 나이 먹는 것이 좋은가요? 내가 나이를 먹는 것인지 나이가 나를 먹는 것인지 혼란스러운 요즘입니다.

제 이야기를 하나 해 보겠습니다. 딸이 유치원생일 때 일입니다. 주말에 가족 나들이를 갔는데 우연히 그곳에서 기다란 풍선을 활용해 아이들에게 꽃, 강아지, 칼, 화살 등을 만들어 주는 키다리 피에로 아저씨를 만났습니다. 저희 딸도 줄을 서서 풍선으로 만든 강아지를 선물로 받았습니다. 그리고 집으로 돌아오는 길에 저는 운전을 하고 있었고 딸은 뒷자리에서 계속해서 그 풍선으로 만든 강아지를 좋다고 주물럭거리고 있었습니다.

그런데 갑자기 '펑!' 소리가 났습니다. 풍선 강아지가 터지는 소리였지요. 딸은 그 순간부터 계속 울면서 다시 돌아가서 하나 더 받아야 한다고 생떼를 쓰기 시작했습니다. 가족들이 말리고 달래 봤지만 아무 소용이 없었습니다. 물론 이미 너무 많이 와 버렸고 그 풍선 만들어 주는 행사도 다 끝난 시간이었습니다. 진짜 부끄럽지만 저는 순간 큰 소리로 "어차피 내일이면 사라질 풍선인데 왜 그렇게 집착을 하니!"라고 소리를 쳤습니다. 유치원생인 딸이 무슨 말인지 이해하지도 못할 말을 하고 말았습니다. 제가 그렇게 말한 이유는 저의 머릿속에는 그런 식으로 받았던 풍선들은 다음 날이면 바람이 다 빠져서 볼품없이 변해 있던 모습이 떠올랐기 때문입니다.

우리가 아끼고 좋아하고 사랑하고 집착하고 욕심 부리는 것들은 차이는 있지만 하나같이 모두 변하고 사라진다는 공통점을 지니고 있습니다. 영원한 것은 존재하지 않습니다. 제가 어린 딸을 어리석게 생각했던 것처럼 아마도 깨달은 사람인 부처의 입장에서 물거품과 같은 것들을 어떻게 해서든 잡아두려는 우리를 보면 어떤 마음이 들까요? 어리석은 중생들을 차마 그냥 보지 못하고 자신의 깨달음을 아낌없이 가르쳐 구제하고 싶은 마음이 들 것이라 추측해 봅니다. 우리는 제행무상, 즉 세상 모든 것은 무상(無常)하다는 사실을 깨달아 집착과 욕심을 줄여 나가야 합니다.

둘째, '제법무아'에서 '제(諸)'란 '모두'라는 뜻이고, '법(法)'이란 '사물 또는 존재'이며, '무(無)'는 '없다'는 뜻이고, '아(我)'는 '나'라는 의미입니다. 여기서 '아(我)'는 고정불변하는 독자적 실체를 의미합니다. 철학에서 실체란 것은 다른 것에 의존하지 않고 독립적으로 존재하며 절대 변하지 않는 궁극적인 존재를 의미합니다. 거칠게 번역하면 '모든 존재는 내가 없다'라고 할 수 있고, 의역하면 '세상에 존재하는 모든 것은 인연의 화합으로 생겨난 것이므로 영원할 수 없으며, 고정불변하는 실체가 아니다'라는 진리라고 할 수 있습니다. 제행무상과 일맥상통하는 내용입니다. 후에 대승불교에서는 만물에 고정불변하는 실체[自性]가 없음을 '공(空)'이라고 표현하였습니다.

여기서 중요한 것은 불교에서는 무아(無我)에 대한 철저한 인식을 강조한다는 것입니다. 모든 사물에 실체가 없듯이 '나'라는 자아도 실체가 아니라는 것입니다. 불교에서 인간은 다섯 가지 요소로 이루어진 것으로 봅니다. 그 다섯 가지 요소는 색(色, 물질, 육체), 수(受, 느낌), 상(想, 지각 작용), 행(行, 의지 작용), 식(識, 의식·분별 작용)이고, 이 다섯 가지를 오온(五蘊)이라고 부릅니다. 여기서 '온(蘊)'은 '쌓다, 모이다'라는 뜻입니다. 인간은 물질(육체)적 요소인 색과 정신적 요소인 수, 상, 행, 식의 다섯 가지 요소가 잠시 인연에 따라서 모여 있는 것일 뿐입니다. 그런데 인간을 이루고 있는 색,

수, 상, 행, 식도 그 자체도 실체가 아닙니다. 그러므로 인간도 잠시 존재하는 것일 뿐인데 영원히 존재할 것처럼, 또는 고정불변의 실체로서 존재한다고 생각한다면 그것은 자아에 대한 집착, 즉 아집(我執)만을 낳게 됩니다.

석가모니는 '내가 없다'는 무아(無我)에 대한 철저한 인식을 통해 자기 자신에 대한 집착을 버릴 것을 강조합니다. 내가 영원하다고 생각하는 것과 나는 잠시 임시로 존재하는 것일 뿐이라고 생각하는 것은 삶의 태도에서 많은 차이를 낳습니다. 나는 금방 사라질 뿐이고 임시로 잠시 존재한다고 생각하면 죽을 때까지 욕심을 부리며 사는 일은 사라질 것입니다. 가끔 언론에 소개되곤 하는데 국민 기초 생활 수급권자나 하루하루 어렵게 살아가는 노인분들이 불우한 이웃을 돕기 위해 자신이 가진 모든 것을 기부하는 것을 보면 아마도 '나는 영원한 것이 아니라는 깨달음을 얻은 것이 아닐까'라는 생각이 듭니다.

여기서 우리의 인생이 얼마나 짧고 한순간에 불과한지 깨달을 수 있는 이야기를 하나 해 보겠습니다. 불교에서 사용하는 시간 단위 중 '겁'이라는 것이 있습니다. 1겁의 시간이 얼마쯤 될 것 같나요? 비유하자면, 1유순(사방 약 8km)의 철로 된 성(城) 안에 아주 작은 겨자씨를 꽉 채웠다고 일단 상상해 보세요. 그리고 백 년에 한 알씩만 겨자씨를 꺼낸다고 할 때, 그 겨자씨가 다 사라져도 1겁은 아직 안 끝났다고 합니다. 또 다른 비유는 사방이 1유순의 큰 돌을 흰 천으로 백 년에 한 번씩만 문지른다고 할 때 그 돌이 다 닳아 없어져도 1겁은 끝나지 않는다고 합니다. 1겁은 우리가 상상조차 하기 힘든 시간입니다. 1겁이라는 시간과 100년도 채 안 되는 우리의 인생을 한번 비교해 보시면 인간이 얼마나 잠깐 왔다가 사라지는지 깨달을 수 있을 것입니다.

셋째, '일체개고'에서 '일체(一切)'란 '모든 것'이라는 의미이고, '개(皆)'는 '모두'라는 뜻이고, '고(苦)'는 '고통, 괴로움'을 뜻합니다. 따라서 거칠게 번역하면 '일체의 모든 것은 고통이다'라고 할 수 있고, 의역하자면 '세상에서 일어나는 모든 현상들은 영원한 것이 아니고 변하는 것임에도 불구하고 집착하기 때문에 고통스럽다'라는 진리라고 할 수 있습니다. 대승불교의 경전 중 하나인 『금강경』의 마지막 구절인데 한번 감상해 보시죠.

> 인연으로 말미암아 생겨난 현상과 물질은 꿈이나 허깨비나 물거품이나 그림자 같고, 이슬 같고 또한 번개 같으니, 마땅히 이와 같이 보아야 한다.[5]

꿈, 허깨비, 물거품, 그림자, 이슬, 번개, 안개, 연기, 흐르는 물 등 만물은 인연의 화합으로 만들어진 것이므로, 계속해서 변화하고 생멸(生滅)합니다. 따라서 우리가 아무리 잡으려고 해도 잡을 수가 없습니다. 만약 길에서 안개를 잡으려고 땀을 뻘뻘 흘리며 노력하는 사람을 본다면 우리는 정말 어리석다고 생각할 것입니다. 만약 바닷가에서 물거품을 잡아서 집에 가져가려고 애쓰는 사람을 본다면 우리는 어이가 없어서 웃을 것입니다.

이처럼 잡으려 해도 잡을 수 없고, 잡는다고 해도 금세 사라질 것을 잡으려고 하는 것은 어리석은 행동입니다. 마찬가지로 돈, 명예, 권력, 미모, 젊음 등 현상 세계에 존재하는 모든 것들은 계속해서 변화하고 있으며 생겼다가 소멸하는 것인데 이것을 잡겠다고 집착하고 인생을 다 허비하는 것은 너무나 어리석은 일임을 깨달아야 합니다.

마지막으로 열반적정은 '열반(涅槃)'은 '깨달음의 경지'를 의미하고, '적(寂)'과 '정(靜)'은 모두 '고요하다, 평온하다'라는 뜻입니다. 따라서 거칠게 번역하면 '열반은 고요하다'로 번역할 수 있고, 의역하면 '열반은 모든 고통이 소멸되어 마음이 고요하고 평온한 상태이다'라는 진리라고 할 수 있습니다. 수행을 통해 깨달음을 얻고 부처가 되면 최고의 경지인 열반에 도달하게 됩니다. 열반은 탐욕[貪]과 성냄[瞋]과 어리석음[癡]이 소멸된 고요한 마음 상태이자 모든 번뇌의 불꽃이 완전히 꺼져서 평온한 마음 상태를 의미합니다. 아직 한번도 근처에 가보지 못한 경지이지만 매일 이 걱정 저 걱정에 시달리고, 다양한 유혹에 사로잡혀 방황하다가 평온한 마음을 얻으면 얼마나 행복하겠습니까?

석가모니는 연기설, 사성제, 삼법인을 통해 탐욕과 집착으로 인

앎이 삶이 되는 동양철학

해 고통이 생기며 이러한 고통에서 벗어나기 위해 바른 수행이 필요함을 우리들에게 전해 주고 있습니다. 혹시라도 나는 불교 신자가 아니라서 관심이 없다고 외면하지 않았으면 좋겠습니다. 불교는 부처를 신으로 믿고 의지해야 깨달음을 얻는 것이 아닙니다. 스스로의 주체적인 노력을 통해 깨달음을 얻어 자신이 직접 부처가 되는 것입니다.

석가모니는 탐욕의 불덩이를 마음에 품고 살면 결코 행복할 수 없음을 알려 주고 있습니다. 우리들이 석가모니처럼 탐욕의 불을 끄기 위해 가족을 등지고 출가를 할 수는 없겠지요. 하지만 석가모니가 전해 준 소중한 가르침들을 음미해 보고, 자신의 삶을 조금이라도 변화시키려고 노력했으면 좋겠습니다. 진정으로 평온하고 행복한 삶을 위해 돈, 명예, 권력, 외모 등의 가치가 인생 전체를 걸고 좇을 만큼 소중한 것인지 다시 한번 생각해 보는 시간을 가져 보기 바랍니다. 그러면 마음의 평온과 참된 행복을 찾을 수 있을 것입니다.

미 주

一. 유교

1. 공자

1   논어, 자로, 子貢問曰 鄕人皆好之 何如 子曰 未可也 鄕人皆惡之 何如 子曰 未可也 不如鄕人之善者好之 其不善者惡之.

2   논어, 이인, 子曰 參乎 吾道 一以貫之 曾子曰 唯 子出 門人問曰 何謂也 曾子曰 夫子之道 忠恕而已矣.

3   논어, 학이, 有子曰 … 孝弟也者 其爲仁之本與

4   논어, 옹야, 夫仁者 己欲立而立人 己欲達而達人.

5   논어, 안연, 克己復禮爲仁 一日克己復禮 天下歸仁焉.

6   논어, 팔일, 子曰 大哉問 禮 與其奢也 寧儉 喪 與其易也 寧戚

7   논어, 안연, 子曰 非禮勿視 非禮勿聽 非禮勿言 非禮勿動.

8   논어, 선진, 子曰 未能事人 焉能事鬼 敢問死 曰 未知生 焉知死

9   논어, 학이, 子曰 不患人之不己知 患不知人也.

10   논어, 양화, 子曰 性相近也 習相遠也.

11   논어, 위정, 子游問孝 子曰 今之孝者 是謂能養 至於犬馬 皆能有養 不敬 何以別乎.

12   논어, 위정, 子曰 道之以政 齊之以刑 民免而無恥 道之以德 齊之以禮 有恥且格.

13   논어, 자로, 子曰 必也正名乎.

14   논어, 안연, 君君臣臣父父子子.

15   논어, 안연, 子欲善 而民善矣 君子之德 風 小人之德 草 草上之風 必偃

16   예기, 예운, 大道之行也 天下爲公 選賢與能 講信修睦 故人不獨親其親 不獨子其子 使老有所終 壯有所用 幼有所長 矜寡孤獨廢疾者皆有所養 男有分 女有歸 貨惡其弃於地也不必藏於己 力惡其不出於身也 不必爲己 是故謀閉而不興 盜竊亂賊而不作 故外戶而不閉 是謂大同 참고

17   논어, 계씨, 有國有家者 不患寡而患不均 不患貧而患不安.

18   논어, 술이, 發憤忘食 樂以忘憂 不知老之

19   논어, 위정, 知之爲知之 不知爲不知 是知也.

20   논어, 이인, 子曰 君子喩於義 小人喩於利

21 논어, 자로, 子曰 君子易事而難說也.

22 논어, 태백, 邦有道 貧且賤焉 恥也 邦無道 富且貴焉 恥也.

23 논어, 위령공, 子曰 君子求諸己 小人求諸人.

24 맹자, 공손추 상, 發而不中 不怨勝己者 反求諸己而已 .

25 논어, 자로, 子曰 君子和而不同 小人同而不和.

26 논어, 학이, 子曰 學而時習之 不亦說乎 有朋自遠方來 不亦樂乎 人不知而不慍 不亦君子乎.

27 논어, 위정, 子曰 學而不思則罔, 思而不學則殆.

2. 맹자

1 맹자, 공손추 상, 乍見孺子將入於井 皆有怵惕惻隱之心 非所以內納交於孺子之父母也 非所以要譽於鄕黨朋友也, 非惡其聲而然也.

2 맹자, 공손추 상, 惻隱之心 仁之端也, 羞惡之心 義之端也, 辭讓之心 禮之端也, 是非之心 智之端也.

3 맹자, 고자 상, 仁義禮智 非由外鑠我也, 我固有之也, 弗思耳矣, 故曰 求則得之 舍則失之

4 조선 실학자 정약용의 경우에는 '단(端)'을 '단서'가 아니라 '시작[始]'으로 해석하여 사단을 시작으로 실천해 나가면 인의예지가 형성된다는 단시설을 주장함.

5 맹자, 공손추 상, 人之有是四端也, 猶其有四體也, 有是四端而自謂不能者 自賊者也 … 凡有四端於我者 知皆擴而充之矣 若火之始然 泉之始達 苟能充之 足以保四海 苟不充之 不足以事父母.

6 맹자, 고자 상, 告子曰 性猶湍水也 決諸東方則東流 決諸西方則西流 人性之無分於善不善也 猶水之無分於東西也.

7 맹자, 고자 상, 孟子曰 水信無分於東西 無分於上下乎 人性之善也猶水之就下也 人無有不善 水無有不下 今夫水搏而躍之 可使過顙 激而行之 可使在山 是豈水之性哉 其勢則然也 人之可使爲不善 其性 亦猶是也.

8 묵자, 겸애 하, 然卽敢問 今有平原廣野于此 被甲嬰冑 將往戰 死生之權 未可識也 又有君大夫之遠使于巴越齊荊 往來及否 未可識也 然卽敢問不識將惡也, 家室 奉承親戚, 提挈妻子而寄托之不識于兼之有是乎 于別之有是乎 我以爲當其于此也, 天下無愚夫愚婦 雖非兼之人 必寄托之于兼之有是也, 此言而非兼擇卽取兼 卽此言行費也.

9 맹자, 이루 상, 人人 親其親 長其長 而天下平.

10 맹자, 양혜왕 상, 老吾老 以及人之老 幼吾幼 以及人之幼 天下可運於掌

11 맹자, 고자 상, 孟子曰 仁人心也 義人路也 舍其路而不由 放其心而不知求 哀哉 人有鷄犬放 則知求之 有放心而不知求 學問之道 無他 求其放心而已矣.

12 맹자, 양혜왕 상, 孟子見梁惠王 王曰叟不遠千里而來 亦將有以利吾國乎 孟子對曰王 何必曰利 亦有仁義而已矣.

13 맹자, 고자 상, 孟子曰 魚我所欲也 熊掌亦我所欲也 二者不可得兼 舍魚而取熊掌者也 生亦我所欲也, 義亦我所欲也 二者不可得兼 舍生而取義者也.

14 맹자, 공손추 상, 孟子曰 以力假仁者 霸 … 以德行仁者 王

15 맹자, 공손추 상, 以力服人者 非心服也 力不贍也 以德服人者 中心悅而誠服也 如七十子之服孔子也.

16 논어, 안연, 子貢問政 子曰 足食足兵 民信之矣 子貢曰 必不得已而去 於斯三者 何先 曰去兵 子貢曰必不得已而去 於斯二者 何先 曰去食 自古皆有死 民無信不立

17 맹자, 진심 하, 孟子曰 民爲貴 社稷次之 君爲輕

18 맹자, 양혜왕 상, 曰無恒産而有恒心者 惟士爲能 若民則無恒産 因無恒心 苟無恒心 放辟邪侈 無不爲已 及陷於罪然後 從而刑之 是罔民也 焉有仁人在位 罔民而可爲也 是故明君制民之産 必使仰足以事父母 俯足以畜妻子 樂歲終身飽 凶年免於死亡 然後驅而之善 故民之從之也輕

19 유가에서 공자 이전에 살았던 성인(聖人)의 계보는 요(堯), 순(舜), 우(禹), 탕(湯), 文(문), 무(武), 주공(周公)으로 이어진다.

20 맹자, 양혜왕 하, 齊宣王問曰 文王之囿方七十里有諸 孟子對曰 於傳有之 曰若是其大乎 曰民猶以爲小也 曰寡人之囿方四十里 民猶以爲大何也 曰文王之囿方七十里 芻蕘者往焉 雉兎者往焉 與民同之 民以爲小不亦宜乎 臣始至於境 問國之大禁然後敢入 臣聞郊關之內 有囿方四十里 殺其麋鹿者 如殺人之罪 則是方四十里 爲阱於國中 民以爲大不亦宜乎 참고.

21 맹자, 양혜왕 하, 爲民上而不與民同樂者 亦非也.

22 맹자, 양혜왕 하, 賊仁者 謂之賊 賊義者 謂之殘 殘賊之人 謂之一夫 聞誅一夫紂矣 未聞弑君也.

23 맹자, 등문공 상, 然則治天下 獨可耕且爲與 有大人之事 有小人之事 且一人之身而百工之所爲備 如必自爲而後用 之 是率天下而路也 故曰或勞心 或勞力 勞心者治人 勞力者治於人 治於人者食人 治人者食於人 天下之通義也.

24 맹자, 고자 상, 公都子問曰 鈞是人也 或爲大人 或爲小人 何也 孟子曰 從其大體爲大人 從其小體爲小人 曰鈞是人也 或從其大體 或從其小體 何也 曰 耳目之官 不思而蔽於物 物交物則引之而已矣 心之官則思 思則得之 不思則不得也 此天之所與我者 先立乎其大者 則其小者不能奪也 此爲大人而已矣.

25 논어, 자로, 葉公語孔子曰 吾黨有直躬者 其父攘羊 而子證之 孔子曰 吾黨之直者 異於是 父爲子隱 子爲父隱 直在其中矣.

26 맹자, 진심 상, 桃應問曰 舜爲天子 皐陶爲士 瞽瞍殺人 則如之何 孟子曰 執之而已矣 然則舜不禁與 曰夫舜 惡得而禁之 夫有所受之也 然則舜如之何 曰 舜視棄天下 猶棄敝蹝也 竊負

앎이 삶이 되는 동양철학

而逃 遵海濱而處 終身訢然樂而忘天下.

27   맹자, 진심 하, 孟子曰 君子有三樂 而王天下不與存焉 父母俱存 兄弟無故 一樂也 仰不愧
     於天 俯不怍於人 二樂也 得天下英才 而教育之 三樂也.

3. 순자

1   순자, 성악, 凡性者 天地就也 不可學 不可事 禮義者 聖人之所生也 人之所學而能 所事而成
     者也 不可學 不可事 而在人者 謂之性 可學而能 可事而成之在人者 謂之僞 是性僞之分也.

2   순자, 성악, 夫陶人埏埴而生瓦 然則瓦埴豈陶人之性也哉 工人斲木而生器 然則器木豈工人
     之性也哉 … 然則禮義積僞者 豈人之本性也哉.

3   순자, 성악, 人之性惡 其善者僞也.

4   순자, 성악, 今人之性 飢而欲飽 寒而欲暖 勞而欲休 此人之情性也.

5   순자, 성악, 今人之性 生而有好利焉 順是 故爭奪生 而辭讓亡焉 生而有疾惡焉 順是 故殘賊
     生 而忠信亡焉 生而有耳目之欲 有好聲色焉 順是 故淫亂生 而禮義文理亡焉 然則從人之性
     順人之情 必出於爭奪 合於犯分亂理 而歸於暴.

6   순자, 성악, 故必將有師法之化 禮義之道 然後出於辭讓 合於文理 而歸於治.

7   순자, 수신, 禮者 所而正身也 師者 所而正禮也.

8   순자, 예론, 禮起於何也 曰 人生而有欲 欲而不得 則不能無求 求而無度量分界 則不能不爭
     爭則亂 亂則窮 先王惡其亂也 故制禮義以分之 以養人之欲 給人之求 使欲必不窮乎物 物必
     不屈於欲 兩者相持而長 是禮之所起也.

9   순자, 영욕, 夫貴爲天子 富有天下 是人情之所同欲也 然則從人之欲 則勢不能容 物不能贍
     也 故先王案爲之制禮義以分之 使有貴賤之等 長幼之差 知賢愚 能不能之分 皆使人載其事
     而各得其宜.

10   순자, 왕제, 請問爲政 曰 賢能不待次而擧 罷不能不待須而廢 元惡不待教而誅 中庸民不待
     政而化 … 雖王公士大夫之子孫也 不能屬於禮義 則歸之庶人 雖庶人之子孫也 積文學正身行
     能屬於禮義 則歸之卿相士大夫.

11   순자, 성악, 故聖人化性而起僞.

12   순자, 성악, 不事而自然 謂之性 性之好惡喜怒哀樂 謂之情 情然而心爲之擇 謂之慮 心慮而
     能爲之動 謂之僞 慮積焉能習焉而後成 謂之僞.

13   순자, 성악, 聖人積思慮 習僞故 以生禮義 而起法度.

14   순자, 성악, 塗之人可以爲禹.

15   순자, 성악, 凡禹之所以爲禹者 以其爲仁義法正也 … 然而塗之也 皆有可以知仁義法正之質
     皆有可以能仁義法正之具 然則其可以爲禹明矣.

16 순자, 예론, 性者 本始材朴也 僞者 文理隆盛也 無性則僞之無所加 無僞則性不能自美 性僞
    合 然後成聖人之名 一天下之功於是就也

17 논어, 양화, 性相近也 習相遠也.

18 논어, 옹야, 子見南子 子路不悅 夫子矢之曰 予所否者 天厭之 天厭之

19 맹자, 진심 상, 盡其心者 知其性也 知其性則知天矣.

20 순자, 천론, 天行有常 不爲堯存 不爲桀亡 應之以治則吉 應之以亂則凶 彊本而節用 則天不
    能貧 養備而動時 則天不能病 脩道而不貳 則天不能禍 … 故明於天人之分 則可謂至人矣

21 순자, 천론, 雩而雨 何也 曰 無何也 猶不雩而雨也.

22 순자, 천론, 天不爲人之惡寒也輟冬.

23 순자, 천론, 大天而思之 孰與物畜而制之 從天而頌之 孰與制天命而用之

24 순자, 왕제, 禮義者 治之始也 君子者 禮義之始也 … 君君臣臣父父子子兄兄弟弟一也 農農
    士士工工商商一也.

25 순자, 왕패, 義立而王 信立以霸 權謀立而亡.

26 순자, 대략, 君人者 隆禮尊賢而王 重法愛民而霸 好利多詐而危.

27 논어, 위령공, 子曰 人能弘道 非道弘人

28 순자, 왕제, 故有良法而亂者有之矣 有君子而亂者 自古及今未嘗聞也.

29 순자, 권학, 君子曰 學不可以已 靑取之於藍 而靑於藍 氷水爲之 而寒於水

二. 도가

4. 노자

1 맹자, 진심 상, 孟子曰 楊子 取爲我 拔一毛而利天下 不爲也.

2 도덕경, 25장, 人法地 地法天 天法道 道法自然

3 도덕경, 8장, 上善若水 水善利萬物而不爭 處衆人之所惡 故幾於道.

4 도덕경, 56장, 知者不言, 言者不知

5 도덕경, 51장, 道生之 德畜之

6 도덕경, 42장, 道生一 一生二 二生三 三生萬物.

7 도덕경, 11장, 三十輻共一轂 當其無 有車之用 埏埴以爲器 當其無 有器之用 鑿戶牖以爲室
    當其無 有室之用 故有之以爲利 無之以爲用

8 도덕경, 18장, 大道廢 有仁義 智慧出 有大僞 六親不和 有孝慈 國家昏亂 有忠臣

9 도덕경, 38장, 上德無爲 而無以爲 下德爲之 而有以爲.

10	도덕경, 57장, 民多利器 國家滋昏 人多伎巧 奇物滋起 法令滋彰 盜賊多有.
11	도덕경, 57장, 故聖人云 我無爲而民自化 我好靜而民自正 我無事而民自富 我無欲而民自樸
12	도덕경, 17장, 太上不知有之 其次親而譽之 其次畏之 其次侮之
13	도덕경, 80장, 小國寡民 使有什佰之器而不用 使民重死而不遠徙 雖有舟輿 無所乘之 雖有甲兵 無所陣之 使人復結繩而用之 甘其食 美其服 安其居 樂其俗 隣國相望 鷄犬之聲相聞 民之老死不相往來.
14	도덕경, 58장, 禍兮福之所倚 福兮禍之所伏.
15	도덕경, 78장, 天下莫柔弱於水 而攻堅强者,莫之能勝 以其無以易之 弱之勝强 柔之勝剛 天下莫不知 莫能行.
16	도덕경, 2장, 天下皆知美之爲美 斯惡已 皆知善之爲善 斯不善已 故有無相生 難易相成.
17	도덕경, 46장, 禍莫大於不知足 咎莫大於欲得 故知足之足 常足矣.

5. 장자

1	장자, 소요유, 惠子謂莊子曰 魏王貽我大瓠之種 我樹之成而實五石 以盛水漿 其堅不能自舉也剖之以爲瓢 則瓠落無所容 非不呺然大也 吾爲其無用而掊之 莊子曰 夫子固拙於用大矣 宋人有善爲不龜手之藥者 世世以洴澼絖爲事 客聞之 請買其方以百金 聚族而謀曰 我世世爲洴澼絖 不過數金 今一朝而鬻技百金 請與之 客得之 以說吳王 越有難 吳王使之將 冬與越人水戰 大敗越人 裂地而封之 能不龜手一也 或以封 或不免於洴澼絖 則所用之異也 今子有五石之瓠 何不慮以爲大樽 而浮乎江湖 而憂其瓠落無所用 則夫子猶蓬之心也夫.
2	장자, 제물론, 卽使我與若辯矣 若勝我 我不若勝 若果是也 我果非也耶 我勝若 若不吾勝 我果是也 若果非也耶 其或是也 其或非也耶 其俱是也 其俱非也耶 我與若不能相知也 則人固受其黮闇 吾誰使正之
3	장자, 제물론, 民濕寢 則腰疾偏死 鰌然乎哉 木處則惴慄恂懼 猨猴然乎哉 三者孰知正處 民食芻豢 麋鹿食薦 蝍蛆甘帶 鴟鴉耆鼠 四者孰知正味 猨猵狙以爲雌 麋與鹿交 鰌與魚游 毛嬙麗姬人之所美也 魚見之深入 鳥見之高飛 麋鹿見之決驟 四者孰知天下之正色哉.
4	장자, 변무, 是故鳧脛雖短 續之則憂 鶴脛雖長 斷之則悲 故性長非所斷 性短非所續 無所去憂也 意仁義其非人情乎 彼仁人何其多憂也.
5	장자, 제물론, 莊周夢爲蝴蝶 栩栩然 蝴蝶也 自喩適志與 不知周也 俄然覺 則蘧蘧然周也 不知周之夢 爲蝴蝶與 蝴蝶之夢爲周與 周與蝴蝶則必有分矣 此之謂物化
6	장자, 소요유, 至人無己 神人無功 聖人無名.
7	장자, 지락, 昔者海鳥止於魯郊 魯侯御而觴之於廟 奏九韶以爲樂 具太牢以爲善 鳥乃眩視憂悲 不敢食一臠 不敢飮一杯 三日而死
8	장자, 인간세, 若一志 无聽之以耳 而聽之以心 无聽之以心 而聽之以氣 聽止於耳 心止於符

氣也者 虛而待物者也 唯道集虛 虛者心齋也.

9 　장자, 추수, 井蛙不可以語於海者 拘於虛也 夏蟲不可以語於冰者 篤於時也 曲士不可以語於
道者 束於教也.

10 　장자, 지락, 莊子妻死 惠子弔之 莊子則方箕踞鼓盆而歌 惠子曰 與人居長子老身 死不哭亦
足矣 又鼓盆而歌 不亦甚乎 莊子曰 不然 是其始死也 我獨何能無槪然 察其始而本無生 非徒
無生也 而本無形 非徒無形也 而本無氣 雜乎芒芴之間 變而有氣 氣變而有形 形變而有生 今
又變而之死 是相與為春秋冬夏四時行也.

11 　도덕경, 48장, 爲學日益 爲道日損 損之又損 以至於無爲 無爲而無不爲.

12 　장자, 산목, 方舟而濟於河 有虛船來觸舟 雖有惼心之人不怒 有一人在其上 則呼張歙之 一
呼而不聞 再呼而不聞 於是三呼邪 則必以惡聲隨之 向也不怒而今也怒 向也虛而今也實 人能
虛己以遊世 其孰能害之

三. 불교

6. 석가모니

1 　중아함경, 권7, 상적유경, 若見緣起 便見法 若見法 便見緣起

2 　중아함경, 권21, 설처경, 若有此則有彼 若無此則無彼 若生此則生彼 若滅此則滅彼.

3 　중아함경, 권3, 사경, 若有故作業 我說彼必受其報 或現世受 或後世受 若不故作業 我說此
不必受報.

4 　잡아함경, 권15, 맹구경, 譬如大地悉成大海 有一盲龜壽無量劫 百年一出其頭 海中有浮木
止有一孔 漂流海浪 隨風東西 盲龜百年一出其頭 當得遇此孔不 … 暫復人身 甚難於彼 所以
者何 彼諸眾生 不行其義 不行法 不行善 不行真實 展轉殺害 強都陵弱 造無量惡故.

5 　금강반야바라밀경, 응화비진분, 一切有爲法 如夢幻泡影 如露亦如電 應作如是觀

참고 문헌

『논어(論語)』

『예기(禮記)』

『맹자(孟子)』

『묵자(墨子)』

『순자(荀子)』

『도덕경(道德經)』

『장자(莊子)』

『중아함경(中阿含經)』

『잡아함경(雜阿含經)』

『금강반야바라밀경(金剛般若波羅蜜經)』

찾아보기

앎이 삶이 되는 동양철학

209

앎이 삶이 되는 동양철학

앎이 삶이 되는 동양철학

저자 소개

임정환

「율곡 철학에 나타난 통합적 도덕교육론 연구 : 聖學輯要를 중심으로」라는 주제로 연구해 석사학위를 취득했으며, 「아리스토텔레스와 공리주의 철학이 행복교육을 위한 교육과정에 주는 함의」라는 주제로 연구해 박사학위를 취득했다.

『행복으로 보는 서양철학』(도서출판 씨아이알), 『생활과 윤리』(비상교육) 교과서 및 지도서, 『윤리와 사상』(비상교육) 교과서 및 지도서, 『EBS 수능특강』, 『EBS 수능완성』 등 여러 권의 책을 집필했다.

인천해송고등학교, 인천국제고등학교 등을 거쳐 현재 인일여자고등학교 교사로 재직 중이다.

앍이 삶이 되는
동양철학

초판인쇄 2020년 7월 15일
초판발행 2020년 7월 22일
초 판 2 쇄 2022년 6월 10일

저　　자 임정환
펴 낸 이 김성배
펴 낸 곳 도서출판 씨아이알

책임편집 최장미
디 자 인 쿠담디자인, 김민영
제작책임 김문갑

등록번호 제2-3285호
등 록 일 2001년 3월 19일
주　　소 (04626) 서울특별시 중구 필동로8길 43(예장동 1-151)
전화번호 02-2275-8603(대표)
팩스번호 02-2265-9394
홈페이지 www.circom.co.kr

I S B N 979-11-5610-864-1 (03190)
정　　가 15,000원